MANUEL DES HÉRITIERS

DONATAIRES ET LÉGATAIRES,

EN MATIÈRE DE DROITS DE SUCCESSION,

Par M. DESPREAUX,

EMPLOYÉ SUPÉRIEUR DE L'ENREGISTREMENT ET DES DOMAINES.

DEUXIÈME ÉDITION.

PRIX : 50 CENTIMES.

PARIS.

AUGUSTE DESREZ, IMPRIMEUR ÉDITEUR,
Rue Neuve-des-Petits-Champs, 50.

M DCCC XXXIX.

MANUEL DES HÉRITIERS,

DONATAIRES ET LÉGATAIRES

EN MATIÈRE DE DROITS DE SUCCESSION.

PAR

M. DESPREAUX.

ur
ra
pa
(o
e
e

n
l

INTRODUCTION.

Toutes les personnes en faveur desquelles vient à s'ouvrir une succession, *telle modique qu'elle soit*, se trouvent embarrassées pour *l'acquittement des droits de mutation* dus à l'état et payables à des receveurs de l'enregistrement et des domaines (*connus sous le nom de contrôleurs dans toute la province*), soit en raison des délais, soit en raison de la situation des biens, et surtout pour la somme nécessaire au paiement de ces droits.

Éclairé par des études de trente années sur ces difficultés, nous sommes persuadé que nous rendons un service signalé au public en lui faisant connaître TOUTES SES OBLIGATIONS *et ses droits* à cet égard : les lettres nombreuses qui nous ont demandé ce travail nous en sont un sûr garant.

Nous donnons ici seulement un abrégé des connaissances nécessaires aux héritiers, donataires et légataires, qui contient tout ce qu'il faut savoir pour bien faire le paiement des droits

6

dus pour toutes successions. Plus tard, nous entrerons dans tous les détails que ces personnes doivent connaître à fond pour tous leurs intérêts ; mais ce sera la matière d'un fort volume que nous ne pouvons pas promettre avant deux années.

Nous avons établi notre travail par divisions, ensuite par sections, *pour faire mieux comprendre les premières difficultés à* TOUTES LES PERSONNES *étrangères à la science du droit ;* et à la dernière division nous avons mis l'annotation des lois à laquelle nous renvoyons pour chacun des articles, afin que l'on ne s'égare jamais et que l'on puisse apprécier la justesse du travail, qui repose toujours sur les termes précis de la loi.

LES ARRÊTS INDIQUÉS DANS LA JURISPRUDENCE SE TROUVENT TOUS INSÉRÉS EN ENTIER DANS LA DEUXIÈME PARTIE DU JOURNAL MENSUEL LE MONITEUR DE L'ENREGISTREMENT ET DES DOMAINES, *qui est dans sa cinquième année d'existence ; marché Saint-Honoré, n° 24, à Paris ; 6 fr. par an, et 7 fr. 50 c. franco pour les départemens.*

PREMIÈRE DIVISION.

—◦—

SECTION Ire.

HÉRITIERS DU SANG, OU APPELÉS PAR LA LOI.

MOBILIER. — LIGNE DIRECTE : *Ascendans , grand-père et grand'mère ; père et mère. Descendans, légitimes ou légitimés , consanguins ou utérins.* (Enfans, petits-enfans, ayant droit à la totalité de la succession.)

Un des ascendans, le grand-père ou LE PÈRE, *est mort, laissant à un ou plusieurs enfans* (le nombre des descendans est indifférent pour le paiement des droits), *un mobilier de la valeur de cent francs.*

L'héritier direct (un des enfans ou petit enfant) doit se présenter en personne ou par un fondé de pouvoir DANS LES SIX MOIS DU DÉCÈS (art. 24 de la loi du 22 frimaire an VII), au bureau de l'enregistrement et des domaines du canton d'où dépend la commune où est décédé l'ascendant, *celui dont il hérite.* (Art. 27 de la même loi.)

1° S'IL NE SAIT PAS SIGNER, il fait au receveur de l'enregistrement la déclaration suivante :

8

Je (*il indiquera ses prénoms, son nom, sa profession et sa demeure*),
sa qualité de fils ou petit-fils, de (*prénoms , nom, profession, demeure et
date du décès de l'ascendant*), qui a laissé pour héritiers (*mettre ici le
nombre et les noms des héritiers*).

Déclare qu'il dépend de la succession dudit ..... les effets mobiliers et
meubles ci-après désignés ; savoir :

1° Un bois de lit en noyer, estimé deux francs, ci....	2 fr. » c.
2° Une paillasse, estimée deux francs, ci...........	2 »
3° Un matelas de laine, estimé huit francs, ci........	8 »
4° Un lit de plume, estimé dix francs, ci...........	10 »
5° Un traversin en plume, estimé deux francs, ci....	2 »
6° Quatre draps en toile, estimés six francs, ci.......	6 »
7° Deux couvertures en laine, estimées cinq francs, ci.	5 »
8° Une commode en noyer, estimée treize francs, ci..	13 »
9° Une table en bois blanc, estimée deux francs, ci...	2 »
10° Six chaises foncées de paille, estimées trois francs, ci.	3 »
11° Une pelle et une pincette, estimées un franc, ci...	1 »
12° Quelques pots en terre pour la cuisine, estimés trois francs, ci.............................	3 »
13° Dix assiettes et six verres, estimés deux francs, ci..	2 »
14° Deux couteaux, et une cuiller à pot, un écumoir, estimés un franc, ci....................	1 »
15° Six couverts, étain et fer, estimés deux francs, ci..	2 »
16° Six chemises en toile, estimées cinq francs, ci.....	5 «
17° Huit mouchoirs de poche, estimés trois francs, ci..	3 »
18° Dix paires de bas, estimés deux francs, ci........	2 »
19° Trois cravates, estimées deux francs, ci..........	2 »
20° Deux serviettes et quatre torchons , estimés trois francs, ci.............................	3 »
21° Quatre paires de souliers, estimés deux francs, ci..	2 »
22° Une redingotte en drap, estimée trois francs, ci...	3 »
23° Un habit en drap, estimé deux francs , ci	2 »!
24° Trois gilets, dont un en drap, estimés deux francs ,	

ci.	2	»
25° Deux culottes, estimées un franc, ci.	1	»
26° Trois vestes, estimées deux francs, ci.	2	»
27° Quatre pantalons, estimés quatre francs, ci.	4	»
28° Deux habillemens d'enfans, estimés six francs, ci. .	6	»
Et 29° Un chapeau et deux casquettes, estimés un franc, ci.	1	»
Au total, cent francs, ci.	100 fr.	» c.

Affirmant, sous les peines de droit, que ce sont les seuls biens dépendant de ladite succession, et a déclaré ne savoir signer.

Le droit dû sur cette déclaration, qui est le moindre droit à percevoir, (art. 6, et n° 3 du § 1ᵉʳ de l'art. 69 de la loi du 22 frimaire an vii), est de vingt-cinq centimes, en principal, ci. . . . . » fr. 25 c.

Décime. . . . . » 3

Total. . . . . » 28 c. ou 5 sous et demi.

Si la déclaration ci-dessus n'était pas faite dans les six mois du décès, il serait dû, pour *demi-droit en sus ;* moitié, ci. « 14 c. de plus
(Art. 39 de la loi du 22 frimaire an vii.)

(S'il dépendait des créances de la succession, il faudrait le déclarer ainsi : Il est dû à la succession, par un tel, tant, etc. Au total, tant. . . . . .)

Et 2° Si L'HÉRITIER SAIT SIGNER, aux termes de l'art. 27 de la loi du 22 frimaire an VII, il doit faire, *sur papier timbré*, un état estimatif, article par article, des objets mobiliers, dans le même ordre que les objets compris *au modèle* de la déclaration ci-devant, en tête duquel il mettra ces mots :

Etat estimatif des meubles et effets mobiliers dépendant de la succession de (*mettre ici les prénoms, nom, demeure, profession et date du décés de l'ascendant*), laissant pour héritiers, un tel, etc.

Il terminera cet état par les mots : Certifié véritable, le signera et le donnera au receveur de l'enregistrement, pour le joindre à sa déclaration.

Cet état n'a pas besoin d'être fait *s'il existe un inventaire ;* alors il n'est plus nécessaire que d'indiquer le montant de la prisée, ainsi que tout l'actif de de l'inventaire (*sans déduction d'aucunes dettes et charges*), n° 8, de l'art. 4 de la loi du 22 frimaire an VII), la date, et les nom et domicile du notaire qui l'a reçu.

Il en serait de même si les meubles et effets mobiliers avaient été vendus ; l'héritier n'aurait besoin que d'indiquer le montant total de la vente, sa date, et les nom et demeure de l'officier public qui aurait fait la vente.

OBSERVATION.

Lorsque le receveur de l'enregistrement parvient à prouver, *par des actes,* que l'héritier déclarant a *oublié de comprendre dans sa déclaration* quelque actif dépendant de la succession, soit en mobilier , effets ou créances, il pourra poursuivre les héritiers pour le paiement du double droit, outre le droit simple, pour l'omission qui en sera constatée. (Art. 39 de la loi du 22 frimaire an VII.)

Si l'oubli ou omission a été faite sans dessein , le déclarant pourra faire présenter au ministre des finances une pétition , à l'effet d'obtenir réduction ou remise entière de la peine du double droit.

SECTION II.

Succession directe.

IMMEUBLES, maison, jardin, terres ou terrain.

S'il dépend un immeuble d'une succession, l'héritier doit se présenter, *au bureau du chef-lieu de canton d'où dépend la commune où ledit immeuble est situé* (art. 27 de la loi du 22 frimaire an VII), toujours dans les six mois du décès de celui dont il hérite.

La déclaration de la valeur immobilière, ne doit porter *absolument que sur le revenu.* (N° 7 de l'art. 15 de la même loi.)

Il déclare qu'il dépend de la succession (une maison et jardin, de la contenance de............ hectares ou ares, situés à (indiquer la commune et le département où le bien est situé), loués à *............, moyennant 100 fr. par an ; ou non loués, mais d'un revenu annuel de 100 fr., sans distraction des charges, impôts, etc.

Ce revenu est capitalisé au denier vingt.................. 2,000 fr.
.Le droit dû, aux termes du n° 4 du § 3 de l'art. 69 de la loi du 22 frimaire an VII, est de un pour cent, ci.............. 20 fr.
Dixième.. 2
____
Total........................... 22 fr.

Si la déclaration n'a pas été faite dans les six mois du décès, il est dû, pour peine, amende comme il est expliqué page 9, du présent, moitié, ci.............. 11

Le ministre des finances fera quelquefois remise ou réduction de ce demi-droit en sus, si l'héritier peut, *dans une pétition*, donner des preuves que des circonstances impérieuses l'ont contraint de laisser passer le délai fixé par la loi.

* Dans le cas où il existerait un bail, il faudrait en indiquer la date.

Si le revenu était faussement évalué, l'héritier déclarant encourrait la peine du double droit, prononcée par l'art. 39 de ladite loi du 22 frimaire an VII, outre le droit simple.

SECTION III.

BIENS DE COMMUNAUTÉ, sans contrat de mariage.

Aux termes de l'art. 1399 du Code civil, *la communauté commence du jour où le mariage est contracté* devant l'officier de l'état civil.

Ainsi, le père et la mère laissant à leur décès des effets mobiliers, meubles et immeubles (à moins de preuves contraires), moitié appartient, aux termes de la loi, au survivant, et dès-lors l'héritier direct ne doit comprendre, dans la déclaration, que moitié des biens de toute nature.

Il ajoute donc, à la déclaration faite (page 10, du présent Manuel), les effets appartenant aux deux époux, tels que robes, fichus, etc., en établissant toujours, COMME AU MODÈLE, *article par article*, et, en supposant un total de... 200 fr. » c.

Il déclare que la moitié de l'actif mobilier dépendant de la succession est de............................. 100   »

Sur lequel actif il est payé le même droit que celui indiqué page 9, du présent, vingt-cinq centimes *en principal*, ci..   » 25

De même, si des immeubles ont été achetés pendant la communauté, il ne doit payer les droits que sur moitié du revenu capitalisé.

SECTION IV.

Biens de communauté avec contrat de mariage, et reprises à exercer sur la communauté, afin d'en faire distraction (*seule déduction admise*).

La distraction des reprises, *sur les biens de la communauté seulement,* a été admise par décision des ministres de la justice et des finances, en date du 18 juillet 1817.

On doit faire cette déduction d'abord sur l'argent comptant, puis sur le mobilier ; enfin, sur les immeubles, aux termes des articles ci-après du Code civil :

« Art. 1470. Sur la masse des biens, chaque époux ou son héritier pré-
» lève,

» 1° Ses biens personnels qui ne sont point entrés en communauté, s'ils
» existent en nature, ou ceux qui ont été acquis en remploi ;

» 2° Le prix de ses immeubles qui ont été aliénés pendant la communauté,
» et dont il n'a point été fait remploi ;

» 3° Les indemnités qui lui sont dues par la communauté. »

« Art. 1471. *Les prélèvemens de la femme s'exercent avant ceux du*
» *mari.*

» *Ils s'exercent pour les biens qui n'existent plus en nature, d'abord*
» *sur l'argent comptant, ensuite sur le mobilier, et subsidiairement sur*
» *les immeubles de la communauté :* dans ce dernier cas, le choix des
» immeubles est déféré à la femme et à ses héritiers. »

« Art. 1472. Le mari ne peut exercer ses reprises que sur les biens de la
» communauté.

» La femme et ses héritiers, en cas d'insuffisance de la communauté,
» exercent leurs reprises sur les biens personnels du mari. »

Ainsi l'héritier déclare, qu'aux termes de l'état annexé (voir la page 8), ou aux termes de l'inventaire reçu par Me un tel, notaire, le . . . . (s'il existe un inventaire).

Le total de l'actif mobilier de la communauté, qui a subsisté entre (e nom de celui dont il hérite) et (les prénoms et nom de la veuve) s'élève à la somme de deux mille francs, ci...................... 2,000 fr.

Qu'il résulte du contrat de mariage desdits époux , passé devant Mᵉ un tel, notaire à (demeure du notaire et date du contrat de mariage), que ladite veuve a droit de reprendre une somme de huit cents francs, *déduction faite de la somme de deux cents francs, montant de son apport dans ladite communauté*, reprises de la veuve, ci............. 800 ⎱ 1,000

Ensuite le mari défunt avait droit, aux termes dudit contrat de mariage, à reprendre une somme de deux cents francs, montant de la dot, déduction faite de pareille somme pour son apport dans ladite communauté, ci, *reprises du mari*.............................. 200 ⎰

Pour bénéfices de communauté, reste donc.......... 1,000 fr

Dont moitié pour la succession est de 500

A laquelle somme de.................... 500 fr.

Il faut ajouter, pour connaître la valeur de ladite succession :

1° Les reprises du défunt................. 200

2° Une somme de dix-sept cents francs, due au défunt Durand, lui provenant de la succession de sa mère, aux termes d'un partage devant Mᵉ un tel, notaire, etc., ci.................... 1,700

Total de l'actif de la succession........ 2,400 fr.

On doit payer sur cette somme, de 2,400 fr., le droit de 25 centimes la par cent francs (n° 3, du § 1er de l'art. 69, de la loi du 22 frimaire an vu), ci, en principal................. .... 6 fr. » c.

Décime par franc........................ 6c

____

Au total....................... 6 fr. 60 c.

SECTION V.

Biens de communauté avec reprises.

Déclaration négative, c'est-à-dire *ne payant aucun droit* de mutation après décès.

L'héritier déclare qu'aux termes, etc. (comme à la section IV précédente).

Le total de l'actif mobilier de la communauté s'élève à la somme de quarante mille francs, ci........................   40,000 fr.

Mais qu'il y a lieu de faire sur cette somme, les déductions ci-après, qui en absorbent la totalité ;

Savoir :

Les reprises de la veuve *(nom et prénoms)* s'élevant, suivant son contrat de mariage devant un tel , notaire à..., etc., à une somme totale de deux mille francs , *déduction faite de son apport dans ladite communauté* , ci.........................   2,000 fr.

Son préciput s'élevant à mille francs aux termes de son contrat de mariage , ci...................   1,000

Trois mille francs, prix de la vente, faite devant M⁰ un tel , notaire à..., le..., durant la communauté, d'une maison à..., appartenant en propre à ladite dame, comme lui provenant de la succession de sa mère, ci......... ....   3,000 fr.

Et une somme de trente-quatre mille francs formant le capital, *au cours de la bourse*, d'une rente perpétuelle inscrite sur le grand-livre de la dette publique sous le n° 12,644, de la somme de onze cent trente francs, *y compris le semestre courant,* ci. ....   34,000 fr.

(N° 3 du § 3 de l'art. 70 de la loi du 22 frimaire an VII.)

Total égal...........   40,000 fr.

En outre l'héritier déclare , *par ordre seulement*, que le défunt avait acquis les vingt arpens à Lury , désignés dans l'inventaire ; mais qu'il en a été dépossédé par suite de folle enchère. (Arrêt de la Cour de cassation du 2 février 1810 , qui juge que, dans ce cas, les héritiers ne doivent payer aucuns droits de mutation.)

Et que la maison et prés à Auteuil, désignés aussi dans l'inventaire, ne provenaient au défunt que par suite de l'annullation prononcée depuis le décès de la donation par lui faite à ses enfans devant M⁰ un tel, notaire , le..., etc., et ayant acquitté les droits d'enregistrement. (Arrêt de la Cour de cassation du 5 février 1810.)

OBSERVATION.

Lorsqu'une clause du contrat de mariage porte qu'une partie, OU LA TOTALITÉ DES BIENS de la communauté appartiendra, à titre de *préciput au survivant* des deux époux, IL N'EST DU AUCUN DROIT au décès du prémourant. (Arrêt de la Cour de cassation du 30 juillet 1823.)

SECTION VI.

LIGNE COLLATÉRALE *divisée en trois classes.*

[ʳᵉ CLASSE.

La première classe comprend tous les parens ainsi dénommés :
Frères et sœurs ,
Oncles et tantes ,
Neveux et nièces ,
Qui doivent payer le droit à raison de 3 fr. p. 0/0 sur le mobilier, et de 6 fr. 50 cent. p. 0/0 sur les immeubles, aux termes des nᵒˢ 2 des § 4 et 8 (art. 69) de la loi du 22 frimaire an VII, indiqués dans la sixième division du présent manuel.

18.

IIe CLASSE.

LIGNE COLLATÉRALE.

Les parens collatéraux compris dans cette seconde classe , sont :
Les grands-oncles et grand-tantes,
Les petits-neveux et petites-nièces,
Les cousins germains et cousines germaines.
Ils doivent payer les droits de mutation , après décès , à raison de
4 fr. p. 0/0 sur le mobilier, et de 7 fr. p. 0/0 sur les immeubles, *toujours en principal, c'est-à-dire, le* DIXIÈME EN SUS. (N° 2 des § 4 et 8, art. 69, de la loi du 22 frimaire an VII, indiqués avec tous les détails page   .)

IIIe CLASSE.

LIGNE COLLATÉRALE.

Cette dernière classe comprend tous les membres de la famille, connus sous les noms de :
Cousins et cousines issus de germains,
Petits-cousins et petites-cousines,
Oncles et tantes à la mode de Bretagne,
Et généralement tous les parens au-delà du quatrième degré jusqu'au douzième degré, inclusivement,
Qui doivent payer les droits à raison de 5 fr. p. 0/0 sur le mobilier, et de 8 fr. p. 0/0 sur les immeubles, aux termes des annotations indiquées aux n°ˢ 2 des § 4 et 7 (art. 69) de la loi du 22 frimaire an VII.

SECONDE DIVISION.

———◆———

SECTION Ire.

Ligne directe, *irrégulière.*

Enfans naturels ou illégitimes *reconnus*, soit par l'acte de naissance *signé* du père ou de la mère, soit par un acte postérieur, dûment en forme.
(Art. 756 du Code civil).

« *Les enfans naturels ne sont point héritiers ;* la loi ne leur accorde
» de droits sur les biens de leur père ou mère décédés, que lorsqu'ils ont
» été *légalement reconnus.* Elle ne leur accorde aucun droit sur les biens
» des parens de leur père ou mère. »
(Art. 757 du Code civil.)

« Le droit de l'enfant naturel sur les biens de ses père ou mère décédés
» est réglé ainsi qu'il suit :
» Si le père ou la mère a laissé des descendans légitimes, ce droit est d'un
» tiers de la portion héréditaire que l'enfant naturel aurait eue s'il eût été lé
» gitime ; il est de la moitié lorsque les père ou mère ne laissent pas de
» descendans, mais bien des ascendans ou des frères ou sœurs ; il est des

» trois quarts lorsque les père ou mère ne laissent ni descendans ni ascen-
» dans, ni frères ni sœurs. »

Dans les cas énoncés dans ces deux articles, 756 et 757, les enfans naturels *reconnus* ne doivent, pour droits de mutation après décès, que ceux
dus en lignedirecte, savoir : 25 cent. p. 0/0 pour le mobilier, et 1 p. 0/0 sur
les immeubles. (Nos 2 des § 4 et 8 de l'art. 69 de la loi du 22 frimaire
an VII.

(Art. 758 du Code civil.)

« L'enfant naturel a droit à la totalité des biens lorsque ses père ou mère
» ne laissent pas de parens au degré successible.»

Aux termes des nos 2 des § 4 et 8 de l'art. 69 de la loi du 22 frimaire
an 7.)

Dans ce dernier cas, l'enfant naturel doit payer le droit *comme personne
non parente* à 6 p. 0/0 sur le mobilier, et 9 p. 0/0 sur les immeubles, *seulement* sur la portion desdits biens lui revenant, aux termes de cet art. 758;
conséquemment sur le quart du total de la succession.

SECTION II.

Aux termes de l'art. 762 du Code civil, les ENFANS ADULTÉRINS *sont exclus de toutes successions.*

TROISIÈME DIVISION.

Époux, gens mariés, appelés par la loi à succéder à la totalité des biens de la succession du prémourant, à défaut de parens au degré successible *au-delà du douzième degré* ou d'enfans naturels reconnus.

SECTION Ire.

Dans le cas de l'art. 767 du Code civil ci-dessous transcrit :

« Lorsque le défunt ne laisse ni parens au degré successible, ni enfans » naturels, les biens de sa succession appartiennent au conjoint non divorcé » qui lui survit. »

Mais, dans ce cas seulement, et lorsqu'il n'existe aucune donation ou testament qui investisse l'époux survivant de la succession du prémourant, le droit est dû *sur la totalité* de la succession comme personne étrangère, à raison de 6 p. 0/0 sur le mobilier, et de 9 p. 0/0 sur les immeubles, aux termes des n°s 2 des § 4 et 8 de l'art. 69 de la loi du 22 frimaire an VII, annotés.

SECTION II.

Époux DONATAIRES par leur contrat de mariage, ou par tout autre acte de donation, ou LÉGATAIRES par testament.

Le droit est dû sur le montant de la mutation qui s'effectue après décès par suite de donation ou de legs, à raison de 1 fr. 50 p. 0/0 sur le mobilier, et de 3 fr. p. 0/0 sur les immeubles. (Nos 2 des § 4 et 6 de l'art. 69 de la loi du 22 frimaire an VII.)

Si la donation ou le legs à l'époux survivant ne comprend pas la totalité de la succession, et que ce soit en vertu de l'art. 767 du Code civil que l'époux recueille le surplus de ladite succession, le droit de mutation après décès, *sur ce surplus seulement*, doit être payé comme il est indiqué à la première section de la présente division concernant les époux.

QUATRIÈME DIVISION.

—◆◆◆—

Parens non successibles (*au-delà du douzième degré*) et étrangers à la famille, DONATAIRES OU LÉGATAIRES.

Le droit est dû à raison de 6 p. 0⁄0 sur le mobilier, et de 9 p. 0⁄0 sur les immeubles. (Nᵒˢ 2 des § 4 et 8 de l'art. 69 de la loi du 22 frimaire an VII.)

OBSERVATION.

Ainsi qu'il a été expliqué aux pages qui précèdent, l'ENFANT NATUREL RE-CONNU ou l'*époux survivant*, qui recueille la succession à défaut de parens au degré successible, est obligé de payer les mêmes droits que les personnes non parentes. (Mêmes numéros que ceux ci-dessus cités.)

CINQUIÈME DIVISION.

TABLEAU *récapitulatif des droits dus à l'état, par les héritiers, donataires et légataires.*

LES DROITS DE MUTATIONS QUI S'EFFECTUENT PAR DÉCÈS, soit par succession, soit par testamens, ou autres actes de libéralité à cause de mort, de propriété ou d'usufruit de biens meubles et immeubles, sont payés selon les quotités ci-après :

Héritiers du sang, ou appelés à succéder par la loi.	Ligne directe : Sections 1, 2, 3, 4 et 5, de la 1re division ; et section 1re de la 2e division (*).	Meubles... » f. 25 c. p. 0/0 Immeubles. 1 » p. 0/0
	Ligne collatérale, 1re division, section 6e. — 1re CLASSE : Frères et sœurs, oncles et tantes, neveux et nièces............	Meubles... 3 » p. 0/0 Immeubles. 6 50 p. 0/0
	2e CLASSE : Grands-oncles, grand'tantes, petits-neveux et petites-nièces, cousins-germains et cousines germaines............	Meubles... 4 » p. 0/0 Immeubles. 7 » p. 0/0
	3e CLASSE : Parens au-delà du quatrième degré jusqu'au douzième............	Meubles... 5 » p. 0/0 Immeubles. 8 » p. 0/0
Section II de la troisième division : Epoux, donataires ou légataires (*)............		Meubles... 1 50 p. 0/0 Immeubles. 3 » p. 0/0
Parens non-successibles et personnes non-parentes ; étraugers. 4e division (*)............		Meubles... 6 » p. 0/0 Immeubles. 9 » p. 0/0

Le tout, outre le dixième en sus.

(*) Lorsque l'époux survivant ou les enfans naturels *sont appelés à la succession à défaut de parens au dégré successible,* ils doivent être considérés, *quant à la quotité des droits,* comme personnes non parentes.

OBSERVATIONS.

TOUTES LES DÉCLARATIONS après décès en France, *doivent toujours être faites dans les six mois* du décès, et *aux bureaux* des chefs-lieux des cantons d'où dépendent les communes où les personnes sont mortes, et où les biens immeubles dépendant de la succession sont situés, ainsi qu'il est expliqué pages 7 et 11 du présent.

Les héritiers, donataires ou légataires, doivent toujours exiger, du receveur de l'enregistrement, une quittance détaillée des droits qu'ils ont payés. (Art. 57 de la loi du 22 frimaire an VII.) Cette quittance n'a besoin d'être sur *papier timbré* que lorsque les sommes payées sont *au-dessus de dix francs :* alors le timbre doit en être remboursé au receveur.

SIXIÈME DIVISION.

—◆—

2ᵉ SÉRIE. — BULLETIN 248 (Nº 2224).

LOI SUR L'ENREGISTREMENT (ANNOTÉE), DU 22 FRIMAIRE AN VII.

TITRE Iᵉʳ. — *De l'enregistrement, des droits et de leur application.*

Art. 1ᵉʳ. Les droits d'enregistrement seront perçus d'après les bases et suivant les règles déterminées par la présente (*a, b*).

(*a*) OUTRE LE DIXIÈME EN SUS, ou décime par franc, établi par la loi du 6 prairial an VII.

(*b*) Les changemens survenus dans ces bases et règles sont indiqués *à chacun* des articles qu'ils concernent.

Art. 2. Les droits d'enregistrement sont *fixes* ou *proportionnels*, suivant la nature des actes et mutations qui y sont assujettis.

Art. 3. *Le droit fixe* s'applique aux actes, etc. Il est perçu aux taux réglés par l'article 68 de la présente loi.

Art. 4. *Le droit proportionnel est établi* pour les obligations, libéra-tions, condamnations, collocations ou liquidations des sommes et valeurs, et pour *toute tranmission de propriété, d'usufruit, ou de jouissance de biens meubles et immeubles, soit entre vifs, soit par décès (a, b, c, d).*

(*a*) Un arrêt de la Cour de cassation, du 14 août 1833, formant le n° 29 de *la Jurisprudence*, décide que des immeubles possédés indivisément par plusieurs propriétaires, et mis en commun pour former le fonds d'une société en participation, *deviennent meubles*, par la détermination de la loi, à l'égard de chaque associé, et *tant que dure la société;* de telle sorte que la transmis-sion par donation entre-vifs ou testamentaire, ou par décès que peut faire l'un des associés durant la société, de ses droits sur ces immeubles, ne puisse être considérée, *relativement aux droits d'enregistrement,* que comme dona-tion d'une action ou intérêt dans une compagnie de commerce ou d'indus-trie, et par suite ne donner lieu qu'à la perception d'un droit de mutation mobilière.

(*b*) Un arrêt de la Cour de cassation, du 19 novembre 1834, formant le n° 148 de *la Jurisprudence,* et par suite de renvoi, un jugement du tribunal civil de 1ʳᵉ instance de Montargis, du 31 août 1835, inséré sous le n° 229 de la même *Jurisprudence,* ont jugé que le légataire de l'usufruit, qui, à titre de licitation, a cédé au nu-propriétaire son usufruit, moyennant une rente via-gère, doit toujours, dans la déclaration de succession qu'il est tenu de passer, déclarer l'usufruit tel qu'il lui a été légué, et payer les droits de mutation après décès en conséquence.

(*c*) Un arrêt de la Cour de cassation, du 24 novembre 1834, inséré sous le n° 162 de *la Jurisprudence,* a prononcé que la convention dans un contrat de mariage portant que l'époux survivant recueillera la totalité des biens du pré-décédé, sauf réduction en cas d'existence d'enfans, *ne donne au décès* ouver-ture à aucun droit de mutation de la part de l'époux qui recueille l'effet de donation, et que cette cette clause doit être considérée comme convention en-tre associés.

(*d*) Un arrêt de la Cour royale de Paris, en date du 25 mai 1835, consigné sous le n° 192 de *la Jurisprudence,* a décidé que l'administration de l'enre-gistrement et des domaines est fondée à réclamer le paiement *par privilège* de droits de mutation par décès *sur les loyers* provenant des immeubles de la succession à déclarer.

Voir les articles 14, nos 8, 9 et 11 ; 15, nos 1, 7 et 8 ; enfin 32 de la présente loi, avec leurs notes ; et, au besoin, les articles 29, 148, 162, 192 et 229 de *la Jurisprudence.*

Ses quotités sont fixées par l'article 69 ci-après.

Il est assis sur les valeurs.

Art. 5. Il n'y a point de fraction de centime dans la liquidation du droit proportionnel. Lorsqu'une fraction de somme ne produit pas un centime de droit, le centime est perçu au profit de l'état (*a*).

(*a*) « La perception du droit proportionnel suivra les sommes et valeurs de » vingt francs en vingt francs, inclusivement et sans fractions. » (Art. 2 de la loi du 27 ventôse an ix.)

Art. 6. *Cependant le moindre droit à percevoir* sur un acte donnant lieu au droit proportionnel, sur une mutation de biens par décès, sera du montant de la quotité sous laquelle chaque acte ou mutation se trouve classée dans les articles 68 et 69, sauf les exceptions y mentionnées (*a*).

(*a*) L'art. 3 de la loi du 27 ventôse an IX porte : « *Il ne pourra être perçu* » *moins de 25 centimes* pour l'enregistrement des actes et mutations dont les » sommes et valeurs ne produiraient pas 25 centimes de droit proportionnel. »

TITRE II. — *Des valeurs sur lesquelles le droit proportionnel est assis, et de l'expertise.*

Art. 14. La valeur de la propriété, de l'usufruit et de la jouissance des biens meubles, est déterminée, pour la liquidation et le paiement du droit proportionnel, ainsi qu'il suit :

SAVOIR :

No 1. Etc.

No 2. Pour les créances à terme, leurs cessions et transports, et autres actes obligatoires, *par le capital exprimé dans l'acte, et qui en fait l'objet (a)*.

(a) Ces expressions, *par le capital exprimé dans l'acte, et qui en fait l'objet*, ne doivent pas s'entendre du prix stipulé pour le transport, mais du capital de la créance.

(b) Un arrêt de la Cour de cassation, du 28 messidor an XIII, a décidé que le droit de mutation par décès des rentes dépendant d'une succession, doit être perçu sur les capitaux desdites rentes; et un autre arrêt du 4 mai 1807, de la même Cour, a jugé que ce droit, sous tel prétexte que ce soit, ne pourrait jamais être perçu que sur le capital réel desdites rentes.

N° 8. Pour les transmissions entre vifs, à titre gratuit, et celles qui s'opèrent par décès, *par la déclaration estimative des parties, sans distraction des charges (a, b)*.

(a) S'il s'agit d'actions de la banque de France ou autres effets publics non exempts de droits, la valeur doit être fixée d'après le cours moyen de la bourse de Paris au jour du décès ou de la date de l'acte de donation ; s'il n'y a pas eu de bourse ce jour-là, le cours de la veille servira de règle, aux termes d'une décision du ministre des finances du 27 août 1816, transmise par l'instruction générale de l'administration des domaines, du 4 octobre 1816, sous le n°.747.

(b) Un arrêt de la Cour de cassation, du 18 octobre 1835, formant le n° 227 de la *Jurisprudence*, a décidé que l'héritier d'un légataire universel grevé d'un legs en argent qui n'a point été acquitté du vivant de celui-ci, est fondé à prétendre que la déduction de ce legs doit être faite sur les valeurs actives de la succession à laquelle il est appelé, et qu'il ne doit acquitter le droit de mutation que sur le restant net.

Enfin, que cette déduction étant bien fondée, l'administration des domaines doit former sa demande en supplément de droit *dans les cinq années, à partir du jour de l'ouverture de la succession de l'auteur du legs*, à peine de prescription.

Voir les articles 4, 15, nᵒˢ 1, 7 et 8 ; 32 et 69 de la présente loi, avec leurs notes ; et, au besoin, les articles 130 et 227 de *la Jurisprudence*.

Nᵒ 9. Pour les rentes et pensions créées sans expressions de capital, leurs transports et amortissemens, *à raison d'un capital formé de vingt fois la rente perpétuelle, et de dix fois la rente viagère ou la pension, et quel que soit le prix stipulé pour le transport ou l'amortissement.*

Il ne sera fait aucune distinction entre les rentes viagères et pensions créées sur une tête, et celles créées sur plusieurs têtes, quant à l'évaluation.

Les rentes et pensions stipulées, payables en nature, seront évaluées aux mêmes capitaux, estimation préalablement faite des objets d'après les dernières mercuriales du canton de la situation des biens, à la date de l'acte, s'il s'agit d'une rente créée pour aliénation d'immeubles, ou dans tout autre cas, d'après les dernières mercuriales du canton où l'acte aura été passé.

Il sera rapporté à l'appui de l'acte un extrait certifié des mercuriales.

S'il est question d'objets dont les prix ne puissent être réglés par les mercuriales, les parties en feront une déclaration estimative (a).

(a) Voir pour la formation des mercuriales la note à la suite du 6ᵉ alinéa de l'article suivant.

Nᵒ 11. L'usufruit, transmis à titre gratuit, s'évalue à la moitié de la valeur entière de l'objet.

Art. 15. La valeur de la propriété, de l'usufruit et de la jouissance des immeubles est déterminée, pour la liquidation et le paiement du droit proportionnel, ainsi qu'il suit :

SAVOIR :

Nᵒ 1. Pour les baux à ferme ou à loyer, les sous-baux, cessions et subrogations de baux, *par le prix annuel exprimé, en y ajoutant les charges imposées au preneur.*

Si le bail est stipulé payable en nature, il en sera fait une évaluation d'après les dernières mercuriales du canton de la situation des biens, à la date de l'acte, à l'appui duquel il sera rapporté un extrait certifié des mercuriales.

Il en sera de même des baux à portion de fruits, pour la part revenant au bailleur, dont la quotité sera préalablement déclarée, et sur la valeur de laquelle le droit d'enregistrement sera perçu.

S'il s'agit d'objets dont la valeur ne puisse être constatée par les mercuriales, les parties en feront une déclaration estimative (*a, b*).

(*a*) L'art. 75 de la loi du 15 mai 1818 prescrit ainsi la formation des mercuriales : « On formera l'année commune d'après les quatorze dernières années » antérieures à celle de l'ouverture du droit ; on retranchera les deux plus » fortes et les deux plus faibles. L'année commune sera établie sur les dix an- » nées restantes. »

(*b*) *Dans tous les baux*, aux termes de deux délibérations de l'administration des domaines, en dates des 9 brumaire an VII et 19 juin 1825, *le paiemeut de la contribution foncière, par le fermier ou le locataire, est une charge qui doit être ajoutée au prix du bail ;* et , à défaut de la justification du montant de cette contribution, le receveur de l'enregistrement est autorisé à l'évaluer au quart du prix annuel dudit bail.

Dans l'évaluation de la contribution foncière on ne doit pas distraire du produit les prestations ou rentes dont les biens pourraient être grevés au profit de tiers, ainsi qu'il résulte de deux arrêts de la Cour de cassation, des 13 nivôse an XI et 24 août 1829.

N° 7. Pour les transmissions de propriété entre vifs, à titre gratuit, et celles qui s'effectuent par décès, *par l'évaluation qui sera faite et portée à vingt fois le produit des biens, ou le prix des baux courans, sans distraction des charges.*

Il ne sera rien dû pour la réunion de l'usufruit à la propriété, lorsque le droit d'enregistrement aura été acquitté sur la valeur entière de la propriété (*a* jusqu'à *g*).

(*a*) Un arrêt de la Cour de cassation, du 19 décembre 1809, a décidé que *l'évaluation des biens transmis par décès ne peut jamais être fait en capital seulement*, MAIS BIEN EN REVENUS, et depuis cette jurisprudence a été constante.

(*b*) L'instruction générale des domaines, du 3 fructidor an XIII, sous le n° 290, veut que les droits de succession soient réglés d'après les *baux courans* à l'époque du décès.

(*c*) Un arrêt de la Cour de cassation, du 30 mars 1808, a décidé que les locations verbales ne peuvent prévaloir contre des baux écrits, ni empêcher une demande en expertise.

Un autre arrêt de la même Cour, du 21 janvier 1812, a jugé que lorsqu'il existe un bail enregistré, les héritiers ne peuvent pas être admis à prouver par témoins que ce bail a cessé d'être exécuté.

Le bail courant à l'époque du décès doit être la seule base prise pour la déclaration du revenu des immeubles de la succession, et dès-lors les héritiers ne sont plus recevables à demander l'expertise. Cette jurisprudence résulte de cinq arrêts de la Cour de cassation, en dates des 18 février 1807, 5 avril 1808, 13 février 1809, 23 mars 1812, et 19 août 1829.

Un arrêt du 9 décembre 1835, formant le n° 237 de *la Jurisprudence*, a décidé que les baux courans au jour du décès doivent être pris pour base de la déclaration de succession, quand bien même les héritiers prétendraient que les baux n'ont jamais été exécutés, ou qu'ils sont simulés ; néanmoins un autre arrêt du 1ᵉʳ du même mois, inséré n° 244 de *la Jurisprudence*, a décidé qu'un bail entaché de fraude à l'égard de l'administration des domaines, ne pouvait prévaloir *contre une expertise faite et homologuée sur le revenu des biens, contradictoirement* entre la personne décédée et l'administration.

(*d*) Un arrêt de la Cour de cassation, du 20 juillet 1812, a jugé que les immeubles par destination, détaillés dans les articles 524 et 525 du Code civil *ci-dessous transcrits*, doivent être compris dans la déclaration comme immeubles.

Art. 524. « Les objets que le propriétaire d'un fonds y a placés pour le service et l'exploitation de ce fonds, sont immeubles par destination.

» Ainsi, sont immeubles par destination, quand ils ont été placés par le propriétaire pour le service et l'exploitation du fonds,

» Les animaux attachés à la culture ;

» Les ustensiles aratoires ;

» Les semences données aux fermiers ou colons partiaires ;
» Les pigeons de colombiers ;
» Les lapins des garennes ;
» Les ruches à miel ;
» Les poissons des étangs ;
» Les pressoirs, chaudières, alambics, cuves et tonnes ;
» Les ustensiles nécessaires à l'exploitation des forges, papeteries et autres
» usines ;
» Les pailles et engrais.
» Sont aussi immeubles par destination tous effets mobiliers que le pro-
» priétaire a attachés au fonds à perpétuelle demeure.
» Art. 525. Le propriétaire est censé avoir attaché à son fonds des effets
» mobiliers à perpétuelle demeure, quand ils y sont scellés en plâtre ou à
» chaux ou à ciment, ou lorsqu'ils ne peuvent être détachés sans être fractu-
» rés et détériorés, ou sans briser et détériorer la partie du fonds à laquelle ils
» sont attachés.
» Les glaces d'un appartement sont censées mises à perpétuelle demeure
» lorsque le parquet sur lequel elles sont attachées fait corps avec la boiserie.
» Il en est de même des tableaux et autres ornemens.
» Quant aux statues, elles sont immeubles lorsqu'elles sont placées dans une
» niche pratiquée exprès pour les recevoir, encore qu'elles puissent être enle-
» vées sans fracture ou détérioration. »
Et, aux termes de deux délibérations de l'administration des domaines, des
22 mai 1818 et 12 août 1828, dès que le droit de mutation par décès est perçu
sur vingt fois le produit d'une ferme, *on ne peut exiger un second droit
comme mobilier sur la valeur des objets* compris dans l'art. 524.

Il en est de même de la valeur des glaces, tableaux, statues, désignés dans
l'art. 525 du code civil ci-dessus transcrit.

(e) A l'égard des bois et étangs qui ne seraient pas affermés, l'instruction
générale des domaines du 15 décembre 1827, sous le n° 1229, porte qu'il faut
cumuler le produit de toutes les coupes ou ventes pendant une révolution d'a-
ménagement, et diviser le total pour former un produit moyen de revenus.

(f) La Cour de cassation, par deux arrêts des 17 et 18 nivôse an XII, a décidé que les déclarations des héritiers doivent toujours être faites *sans aucune
distraction des dettes* et charges, *même hypothécaires.*

Dans un cas spécial, néanmoins, la Cour de cassation a jugé, le 20 frimaire an xiv, que lorsqu'un donataire a la charge de payer à ses frères et sœur une certaine somme, décède avant de l'avoir payée, on doit en déduire le montant de sa succession.

Il résulte de deux arrêts de la Cour de cassation, des 18 février 1829 et 1er avril même année, que lorsque des sommes ont été données entre vifs pour être payées au décès du donateur, *et que les droits proportionnels ont été payés lors de l'enregistrement des donations*, ces sommes, à l'ouverture de la succession, ne doivent payer aucun droit de mutation après décès.

(*g*) Quatre arrêts de la Cour de cassation, des 13 floréal an ix, 29 juin 1809, 11 septembre 1811, et 18 décembre de la même année, ont décidé que le droit doit être perçu sur le capital de l'immeuble, évalué à vingt fois le produit, *sans aucun égard à la charge de l'usufruit*, attendu que, lorsque la réunion a lieu par le décès de l'usufruitier, il n'est plus dû aucun droit.

Voir les art. 4, 14, nos 8, 9 et 11; enfin, 32 et 69 de la présente loi, avec leurs notes ; et, au besoin, les art. 29, 93, 110, 153, 183, 227, 228, 237 et 244 de *la Jurisprudence*.

Nº 8. Pour les transmissions d'usufruit seulement, soit entre-vifs, à titre gratuit, soit par décès, *par l'évaluation qui en sera portée à dix fois le produit des biens, ou le prix des baux courans, aussi sans distrrction des charges*.

Lorsque l'usufruitier qui aura acquitté le droit d'enregistrement pour son usufruit acquerra la nue-propriété, il paiera le droit d'enregistrement sur sa valeur, sans qu'il y ait lieu de joindre celle de l'usufruit (*a*, *b*, *c*).

(*a*) L'instruction générale de l'administration des domaines, du 27 décembre 1834, sous le nº 1388, porte que le *droit d'habitation participant comme droit immobilier*, aux termes des art. 625 et suivans du Code civil, il être assujetti *comme l'usufruit* aux droits de mutation après décès.

(*b*) Un arrêt de la Cour de cassation, du 24 mai 1813, a décidé que *l'usufruit légal*, ou celui légué à un ascendant jusqu'à la majorité de ses enfans, *n'est soumis à aucun droit de mutation*, parce que le nº 8 ci-dessus de la loi du 22 frimaire an vii, n'a pour objet que les usufruits pendant la vie.

(*c*) Deux solutions de l'administration des domaines, des 29 germinal an XIII, 19 avril 1826, et son instruction générale du 30 septembre de la même année, sous le n° 1200, portent que lorsqu'un usufruitier *recueille la nue-propriété par succession, il doit payer sur le capital, formé seulement de dix fois* le revenu des biens.

Voir, au besoin, les art. 148, 229 et 237 de *la Jurisprudence.*

Art. 17. Si le prix énoncé dans un acte translatif de propriété ou d'usufruit de biens immeubles, à titre onéreux, paraît inférieur à leur valeur vénale à l'époque de l'aliénation, par comparaison avec les fonds voisins de même nature, la régie pourra requérir une expertise, pourvu qu'elle en fasse la demande dans l'année, à compter du jour de l'enregistrement du contrat (*a*).

(*a*) Cette disposition est applicable lorsqu'il s'agit de constater une insuffisance d'évaluation du revenu, dans un acte d'échange, lors même qu'il existerait un bail courant. (Arrêt de la Cour de cassation du 27 décembre 1820.)

Voir, au besoin, les art. 153, 167, 300 et 326 de *la Jurisprudence.*

Art. 18. La demande en expertise sera faite au tribunal civil (*de l'arrondissement*) du département dans l'étendue duquel les biens sont situés, par une pétition portant nomination de l'expert de l'état.

L'expertise sera ordonnée dans la décade de la demande.

En cas de refus par la partie de nommer son expert sur la sommation qui lui aura été faite d'y satisfaire dans les trois jours, il lui en sera nommé un d'office par le tribunal.

Les experts, en cas de partage, appelleront un tiers-expert ; s'il ne peuvent en convenir, le juge de paix du canton de la situation des biens y pourvoira.

Le procès-verbal d'expertise sera rapporté, au plus tard, dans le mois qui suivra la remise qui aura été faite aux experts de l'ordonnance du tribunal, ou dans le mois après l'appel d'un tiers-expert.

Les frais de l'expertise seront à la charge de l'acquéreur, mais seulemen lorsque l'estimation excédera d'un huitième au moins le prix énoncé au contrat.

L'acquéreur sera tenu, dans tous les cas, d'acquitter le droit sur le supplément d'estimation, s'il y a une plus-value constatée par le rapport des experts (*a* jusqu'à *m*).

(*a*) Lorsque les biens seront situés dans plusieurs arrondissemens, c'est au tribunal dans le ressort duquel se trouve assis le chef-lieu de l'exploitation, le corps principal, ou, à défaut, la partie des biens qui présente le plus grand revenu, d'après la matrice du rôle, que la demande en expertise doit être portée. Ce même tribunal ordonnera l'expertise partout où elle sera jugée nécessaire, à la charge néanmoins de nommer pour experts des individus domiciliés dans le ressort des tribunaux de la situation des biens.

Les experts seront renvoyés, pour la prestation du serment, devant le juge de paix du canton où les biens sont situés. (Article 1er de la loi du 15 novembre 1808.)

(*b*) *Dans tous les cas où les frais de l'expertise*, autorisés par les art. 17 et 19 de la loi du 22 frimaire, *tomberont à la charge du redevable, il y aura lieu au double droit* d'enregistrement sur le supplément de l'estimation. (Art. 5 de la loi du 27 ventôse an IX.)

(*c*) Quatre arrêts de la Cour de cassation, en dates des 4 février 1807, 3 mai 1809, 27 juin même année, 6 juillet 1812, et 11 février 1835, ont jugé que *les tribunaux ne peuvent surseoir à ordonner l'expertise* demandée par l'administration des domaines sous aucun prétexte.

(*d*) Un arrêt de la Cour de cassation, du 6 juillet 1825, décide qu'il n'est pas nécessaire qu'un rapport du juge à l'audience précède l'autorisation d'expertise, lorsque cette autorisation n'est donnée que par *une ordonnance sur requête, ou un jugement qui n'a encore que l'effet d'une ordonnance.*

Mais la même Cour a jugé, le 22 mai 1832, que lorsqu'il y a *jugement contradictoire* ordonnant expertise, il doit, *à peine de nullité, être précédé du rapport d'un juge* fait en audience publique.

(*e*) Un arrêt de la Cour de cassation, du 27 avril 1807, a décidé que, lors-

38

que l'expert choisi par l'administration des domaines a été agréé par un jugement, il ne peut pas lui en être nommé un nouveau d'office.

Cinq arrêts de la Cour de cassation, en dates des 25 octobre 1808, 30 janvier et 9 octobre 1809, 2 mai et 24 juin 1810, ont décidé que l'article 303 du Code de procédure civile, qui veut que toutes expertises soient faites par trois experts, n'est point applicable en matière d'enregistrement.

Un arrêt de la même Cour, du 26 octobre 1813, a décidé que, lorsque l'administration des domaines a nommé son expert, le tribunal doit statuer préalablement sur le mérite des *moyens de récusation* avant d'en désigner un d'office.

(*f*) La Cour de cassation a jugé, le 16 juillet 1822, que la loi du 22 frimaire an VII, ne contenant aucune disposition pour le *cas de récusation d'experts*, on devait suivre à cet égard les règles tracées par le Code de procédure civile.

(*g*) Un arrêt de la Cour de cassation, du 6 frimaire an XIV porte que les *moyens de récusation* allégués contre un tiers-expert doivent être déclarés non recevables, lorsqu'ils n'ont été proposés que postérieurement à la rédaction du procès-verbal d'expertise.

Un arrêt de la Cour de cassation, du 30 décembre 1832, décide que *le juge de paix est seul compétent pour statuer en premier ressort* sur la récusation formée contre le tiers-expert.

(*h*) Un arrêt de la Cour de cassation, du 14 thermidor an XIII, décide que *la partie contre laquelle l'expertise est requise doit, à peine de nullité, être assignée devant le juge de paix* du canton de la situation des biens, pour être présente à la prestation du serment des experts.

(*i*) Un arrêt de la Cour de cassation, du 6 avril 1815, a jugé que la loi laisse à la conscience des experts et des juges le mode d'expertise ; et cet arrêt est confirmé par un autre, de la même Cour, du 18 juillet suivant.

Un arrêt de la Cour de cassation, du 12 nivôse an XIII, décide que, dans l'estimation d'un immeuble, *les experts ne peuvent jamais déduire les charges* dont ils pourraient être grevés.

(*k*) Six arrêts de la Cour de cassation, en dates des 7 mars 1808, 18 et 24 juillet 1815, 17 avril 1816, 28 mars 1831, et 25 février 1832, portent que les juges ne peuvent, *dans aucun cas*, substituer leurs propres estimations à celles des experts, et que leur seul droit consiste à ordonner une seconde expertise s'ils trouvent la première vicieuse.

Et un autre arrêt de la même Cour, du 5 mai 1818, décide *que la seconde expertise* peut être faite par les mêmes experts, lorsqu'il ne s'agit que de suppléer à l'insuffisance d'un premier rapport.

(*l*) Il résulte d'un arrêt de la Cour de cassation, du 16 juin 1823, que, lorsqu'une *première expertise* a été annulée, on ne doit pas suivre les formes voulues par le Code de procédure civile, *mais bien le mode spécial* indiqué par l'art. 18 ci-dessus de la présente loi.

(*m*) Deux arrêts de la Cour de cassation, des 18 février 18 6 et 18 août 1823, portent qu'aucune disposition des lois spéciales qui régissent l'enregistrement n'oblige le *tiers-expert* à adopter l'estimation de l'un des deux premiers experts.

Voir les art. 4, 14, nᵒˢ 8, 9 et 11 ; 15, nᵒˢ, 1, 7 et 8; et enfin 19 de la présente loi, avec leurs notes ; et, au besoin, les art. 167 et 326 de *la Jurisprudence*.

Art. 19. Il y aura également lieu à requérir l'expertise des revenus des immeubles transmis en propriété ou usufruit à tout autre titre qu'à titre onéreux, lorsque l'insuffisance dans l'évaluation ne pourra être établie par actes qui puissent faire connaître le véritable revenu des biens (*a, b, c, d, e*).

(*a*) Quatre arrêts de la Cour de cassation, en dates des 7 germinal an XII, 21 janvier 1812, 7 février 1821, et 6 décembre 1836, ont décidé que *ce n'est qu'à défaut de baux courans que la loi autorise l'expertise.*

(*b*) Il résulte d'un autre arrêt de la même Cour du 12 février 1835, formant l'art. 153 de *la Jurisprudence*, qu'une simple *quittance de loyers ne peut être assimilée* à un bail courant.

(*c*) Dans l'évaluation du revenu d'un immeuble, on doit comprendre le produit des arbres de bordures. (Arrêt de la Cour de cassation du 15 juillet 1812.)

(*d*) Quatre arrêts de la Cour de cassation, en dates des 10 décembre 1806, 26 février 1812, 12 février et 31 juillet 1835, ont décidé que l'art. 19 ci-dessus, ne contenant point de dispositions limitatives du délai dans lequel l'expertise doit être demandée, c'est l'art. 61 de la présente loi qui règle ce délai à deux années.

(e) La jurisprudence a toujours été constante sur ce point, *que la faculté de requérir l'expertise n'appartient qu'à l'administration de l'enregistrement et des domaines*, ainsi qu'il résulte de quatre arrêts de Cour de cassation, en dates des 27 avril 1807, 14 juin 1809, 1er avril et 19 août 1829.

Voir les art. 17, 18 et 61 de la présente loi, avec leurs notes ; et, au besoin, les art. 153, 183, 228, 237, 244 et 326 de *la Jurisprudence*.

TITRE III. — *Des délais pour l'enregistrement des actes et déclarations.*

Art. 21. Les testamens déposés chez les notaires, ou par eux reçus, seront enregistrés dans les trois mois du décès des testateurs, à la diligence des héritiers, donataires, légataires ou exécuteurs testamentaires (a, b, c).

(a) Un arrêt de la Cour de cassation du 26 février 1823, porte que *l'obligation imposée par l'article 21 ci-dessus aux héritiers, etc., n'est pas subordonnée à la preuve que le légataire ait connu le testament, parce qu'elle est absolue.*

Un autre arrêt de la même Cour, du 24 octobre 1810, décide que le droit d'enregistrement des testamens est une charge de la succession.

(b) Une délibération de l'administration des domaines, du 16 novembre 1812, porte que *le notaire qui représente un testament à l'enregistrement, n'est pas tenu de joindre l'acte de décès ; qu'il suffit de sa déclaration*, sauf au receveur à en vérifier l'exactitude.

(c) Deux décisions de l'administration des domaines, des 29 janvier 1811 et 17 octobre 1823, *portent que pour les testamens des militaires en activité de service, décédés hors de leurs départemens, le délai de trois mois ne court que du jour de l'inscription du décès sur le registre de l'état civil de leur domicile dernier.*

Voir l'art. 21 de la présente loi, avec ses notes.

Art. 24. *Les délais* pour l'enregistrement des déclarations que les héritiers, donataires ou légataires auront à passer des biens à eux échus ou
transmis par décès, sont :

SAVOIR :

De six mois, à compter du jour du décès, lorsque celui dont on recueille
la succession est décédé en France ;
De huit mois, s'il est décédé dans toute autre partie de l'Europe ;
D'une année, s'il est mort en Amérique ;
Et de deux années, si c'est en Afrique ou en Asie ;
Le délai de six mois ne courra que du jour de la mise en possession, pour
la succession d'un absent, celle d'un condamné si ses biens sont séquestrés,
celle qui aurait été séquestrée pour tout autre cause, celle d'un défenseur de
la patrie s'il est mort en activité de service hors de son département, ou
enfin celle qui serait recueillie par indivis avec l'état.

Si, avant les derniers six mois des délais fixés pour les déclarations des
successions de personnes décédées hors de France, les héritiers prennent
possession des biens, il ne restera d'autre délai à courir, pour passer déclaration, que celui de six mois, à compter du jour de la prise de possession (*a* jusqu'à *i*).

(*a*) « Les héritiers, légataires et tous autres appelés à exercer des droits
» subordonnés au décès d'un individu dont l'absence est déclarée, sont tenus
» de faire, dans les six mois du jour de l'envoi en possession provisoire, la
» déclaration à laquelle ils seraient tenus s'ils étaient appelés par effet de la
» mort, et d'acquitter les droits sur la valeur entière des biens ou droits qu'ils
» recueillent.
» En cas de retour de l'absent, les droits payés seront restitués, sous la
» seule déduction de celui auquel aura donné lieu la jouissance des héritiers.
» Ceux qui ont obtenu cet envoi jusqu'à ce jour, sans avoir acquitté les
» droits de succession, jouiront d'un délai de six mois, à compter de la
» publication de la présente, pour faire leur déclaration et payer les droits,
» sans être assujettis à l'amende. » (Art. 40 de la loi du 28 avril 1816.)

(*b*) Un arrêt de la Cour de cassation du 9 germinal an XII, a décidé *que le délai fixé pour la déclaration de succession et le paiement* des droits, court à compter du jour du décès.

Deux arrêts de la Cour de cassation, en dates des 11 février 1807 et 5 septembre 1809, ont jugé que lorsque des biens déclarés par des héritiers en ligne directe, passent par suite d'un jugement à des héritiers en ligne collatérale, ces derniers ont un délai de six mois, *à compter du jour du jugement,* pour faire personnellement leurs déclarations.

L'instruction générale des domaines du 29 juin 1808, sous le n° 386, porte que ce délai de six mois pour les déclarations de successions, dans le cas spécial ci-après, en faveur des héritiers, ne court *qu'à compter de l'arrêt qui confirme la condamnation* contre les personnes déclarées indignes de succéder par l'art. 727 du Code civil, ci-dessous transcrit :

« Sont indignes de succéder, et, comme tels, exclus des successions,

» 1° Celui qui serait condamné pour avoir donné, ou tenté de donner la » mort au défunt ;

» 2° Celui qui a porté contre le défunt une accusation capitale jugée » calomnieuse ;

» 3° L'héritier majeur qui, instruit du meurtre du défunt, ne l'aura pas » dénoncé à la justice. »

(c) Quant aux biens rentrés dans l'hérédité, un arrêt de la Cour de cassation du 20 août 1816, décide que le délai de six mois ne doit courir que du jour de l'arrêt qui renvoie les héritiers en possession desdit biens ; et déjà, par une délibération du 21 octobre 1814, l'administration des domaines avait prescrit de ne faire courir le délai de six mois, *quant aux biens rentrés dans l'hérédité,* au moyen de la renonciation faite par la veuve, que du jour de ladite renonciation.

(d) Un arrêt de la Cour royale de Paris du 10 mai 1815, a jugé que le délai pour passer déclaration de la succession *d'un contumax frappé de mort civile,* ne court que du jour de son exécution par effigie.

(e) L'état de faillite du débiteur d'une créance à déclarer dans une succession, ne change rien au délai de six mois. (Arrêt de la Cour de cassation du 4 février 1807.)

(f) Le défaut d'acceptation ne dispense pas le légataire de faire sa déclaration dans le délai voulu par la loi, ainsi qu'il résulte de trois arrêts de la

Cour de cassation, en dates des 16 janvier 1811, 4 février 1812, et 10 mars 1829.

La nomination d'un séquestre ne change rien non plus au délai. (Arrêt de la Cour de cassation du 6 août 1810.)

(*g*) A l'égard des successions irrégulières dévolues aux termes des art. 758 et 767 du Code civil, *ce n'est qu'à partir du jugement d'envoi en possession*, ainsi que l'a décidé une délibération de l'administration des domaines du 13 octobre 1829, que court le délai de six mois accordé à l'enfant naturel reconnu, ou à l'époux survivant, pour déclarer les biens qu'ils sont appelés à recueillir, à défaut de parens aux degrés successibles.

(*h*) Par ses instructions générales, en dates des 31 juillet 1824, sous le n° 1141, 12 avril 1831, sous le n° 1356, et 25 octobre 1834, sous le n° 1466, l'administration des domaines *a prescrit aux receveurs de l'enregistrement, d'adresser officieusement,* sans frais, *aux héritiers, donataires ou légataires, un avertissement* en forme de lettre pour leur rappeler qu'ils ont une déclaration à faire, et des droits à payer dans les six mois du décès de l'auteur de la succession qui leur est échue.

(*i*) Un arrêt de la Cour de cassation du 20 juillet 1836, formant le n° 323 de *la Jurisprudence*, porte que la formalité de l'enregistrement pour les donations entre époux, à cause de mort, faites avant le Code civil ou avant la loi du 22 frimaire an vii, doit être donnée dans les trois mois qui suivent le décès du donateur.

Voir les art. 24, 25, 27 et 32 de la présente loi, avec leurs notes; et, au besoin, les art. 5 et 29 de *la Jurisprudence*.

Art. 25. Dans les délais fixés par les articles précédens pour l'enregistrement des actes et des déclarations, le jour de la date de l'acte ou celui de l'ouverture de la succession, ne sera point compté.

Si le dernier jour du délai se trouve être un décadi ou un jour de fête, ou s'il tombe dans les jours complémentaires, ces jours-là ne seront point comptés non plus (*a, b, c*).

(*a*) La Cour de cassation a jugé le 23 floréal an ix, *que le jour du décès ne compte point*, mais que le dernier jour du terme fixé est compris dans le délai;

et un autre arrêt de la même Cour, en date du 12 mars 1816, a décidé que *les délais déterminés par mois* doivent se compter par l'espace de temps, du quantième d'un mois au quantième correspondant du mois suivant, et non par le nombre fixe de trente jours pour chaque mois.

(*b*) Le jour de l'échéance doit être compté, de sorte qu'une succession ouverte le 15 janvier doit être déclarée, au plus tard, le 15 juillet suivant. (Déc. min. fin. des 6 déc. 1816, et 19 juillet 1824.)

(*c*) Depuis le rétablissement du calendrier grégorien, le *dimanche est le jour férié*

Le premier jour de l'an est jour férié légal. (Avis du conseil d'état, approuvé le 20 mars 1810.)

Les autres *jours fériés sont seulement l'Ascension, l'Assomption, la Toussaint et Noël.* (Concordat de 1801.)

Deux délibérations de l'administration des domaines, en dates des 23 octobre 1817, et 8 août 1834, portent que *la fête du roi est un jour férié.*

TITRE IV. — *Des bureaux où les actes et mutations doivent être enregistrés.*

Art. 26. Les notaires, etc...

Les actes sous signature privée, et ceux passés en pays étranger, pourront être enregistrés dans tous les bureaux indistinctement (*a, b.*)

(*a*) L'art. 1000 du Code civil porte :

« Les testamens faits en pays étranger ne pourront être exécutés sur les biens situés en France qu'après avoir été enregistrés au bureau du domicile du testateur, s'il en a conservé un, sinon au bureau de son dernier domicile connu en France ; et dans le cas où le testament contiendrait des dispositions d'immeubles qui y seraient situés, il devra être en outre enregistré au bureau de la situation de ces immeubles, sans qu'il puisse être exigé un double droit. »

Et l'art. 1001 les frappe de nullité en cas d'inobservation des formalités prescrites.

(*b*) Aux termes des ordres généraux de régie et des instructions générales de l'administration des domaines, en dates des 29 juin 1825, sous le n° 1166, et 19 juillet 1834, sous le n° 1458, *les bureaux des receveurs d'enregistrement et des domaines doivent être ouverts huit heures par jour,* et les heures d'ouverture et de clôture doivent être indiqués par une affiche apposée à la porte.

Art. 27. *Les mutations de propriété ou d'usufruit par décès seront enregistrées au bureau de la situation des biens.*

Les héritiers, donataires ou légataires, leurs tuteurs ou curateurs, seront tenus d'en passer déclaration détaillée et de la signer sur le registre.

S'il s'agit d'une mutation, au même titre, de biens meubles, la déclaration en sera faite au bureau dans l'arrondissement duquel ils se seront trouvés au décès de l'auteur de la succession.

Les rentes et les autres biens meubles, sans assiette déterminée lors du décès, seront déclarés au bureau du domicile du décédé.

Les héritiers, légataires ou donataires, *rapporteront, à l'appui de leurs déclarations de biens meubles,* un inventaire ou *état estimatif, article par article, par eux certifié,* s'il n'a pas été fait par un officier public ; cet inventaire sera déposé et annexé à la déclaration, qui sera reçue et signée sur le registre du receveur de l'enregistrement (*a* jusqu'à *z*).

(*a*) Un arrêt de la Cour de cassation, du 7 avril 1807, porte *que chaque bureau doit recevoir la déclaration de tous les biens qui existent dans son canton ou arrondissement.*

Une décision du conseil de l'administration des domaines, en date du 28 avril 1836, porte que, dans le cas où les droits dus pour *les legs particuliers de sommes d'argent ou rentes, non existant en nature dans la succession,* ont *été perçus au bureau de l'ouverture de la succession, l'imputation de ces droits doit être faite dans les autres bureaux* où les héritiers ont des immeubles à déclarer, lorsque les valeurs déclarées au domicile ont été insuffisantes : pour que cette imputation puisse être faite d'une manière complète, les héritiers doivent justifier de la quittance des droits payés.

(*b*) L'instruction générale des domaines, du 3 fructidor an XIII, sous le n° 290, décide que *la déclaration des rentes qui dépendent de la succession d'un étranger, doit être faite au bureau du canton où les rentes sont dues,* lorsque cet étranger est décédé hors de France, et sans domicile dans ce royaume.

Une solution de l'administration des domaines, du 15 nivôse an VIII, porte que *les rentes foncières doivent être déclarées au bureau du domicile du décédé,* comme les autres rentes.

(c) Il résulte des ordres généraux de régie et de l'instruction générale de l'administration des domaines, en date du 26 juillet 1809, sous le n° 443, que *si la déclaration est faite par un fondé de pouvoir,* la procuration de lui certifiée véritable, doit demeurer annexée au registre du receveur : *elle doit être sur papier timbré, mais elle n'a pas besoin d'être enregistrée* lorsqu'elle est sous signature privée.

(d) Un arrêt de la Cour de cassation, du 26 avril 1808, a décidé que *toutes déclarations non signées par le déclarant, ou sans la mention que le déclarant ne sait pas signer, est nulle,* ainsi que le paiement des droits de mutation faits en conséquence.

(e) Un arrêt de la Cour de cassation, du 16 janvier 1811, porte que *toute déclaration doit être faite avec détail.*

(f) Deux arrêts de la Cour de cassation, en dates des 30 octobre 1809, et 27 mars 1811, ont décidé que *l'héritier qui a payé le montant d'une contrainte, n'est pas dispensé de passer une déclaration détaillée* des biens de la succession.

(g) Deux instructions générales de l'administration des domaines, en dates des 26 juillet 1809, sous le n° 443, et 3 juin 1830, sous le n° 1318 veulent que *chaque déclaration énonce :*

1° Les noms, prénoms, demeure et professions des héritiers donataires ou légataires ;

2° Ceux du décédé ;

3° La date du décès ;

4° Le degré de parenté des héritiers ;

5° Le détail, article par article, des biens par nature, consistance et situation ;

6° S'ils sont loués ou non ;

7° Leur produit ou le prix des baux courans ;

8° Le capital au denier vingt de ce produit ;

9° Et enfin, la quotité et le montant des droits perçus, qui regardent personnellement le receveur.

(*h*) Un arrêt de la Cour de cassation, du 24 mars 1814, et un autre du 18 août de la même année, ont décidé que des *offres réelles de droits de succession* ne peuvent suppléer à la déclaration, surtout si les offres ne contiennent point une désignation exacte des biens qui puisse mettre à même de vérifier de suite, si ces offres représentent tous les droits exigibles.

(*i*) Une instruction générale des domaines, du 22 mai 1832, sous le n° 1400, *dispense les héritiers, légataires ou donataires, ne sachant pas écrire*, de rapporter à l'appui de leur déclaration, l'état estimatif des biens meubles voulus par la loi ; mais dans ce cas, et lorsqu'il n'existe pas d'inventaire devant notaire, le receveur de l'enregistrement comprend dans la déclaration de succession, le détail des objets mobiliers, ainsi qu'il est expliqué au n° 1, de la section 1re de la 1re division, page 7 du présent Manuel.

(*j*) Une décision de l'administration des domaines, du 22 prairial an VII, porte que lorsqu'il existe un *inventaire authentique*, les déclarans peuvent se borner à en faire mention, ainsi qu'il est dit au n° 2 de la section 1re de la 1re division du présent, page 10.

(*k*) Un jugement du tribunal civil de première instance de la Seine, du 15 janvier 1815, ratifié par une délibération de l'administration des domaines, du 12 mai de la même année, a décidé que, *si postérieurement à l'inventaire, le mobilier a été vendu* aux enchères, le prix ne peut servir de base à la déclaration, *les héritiers devant être seulement tenus du paiement des droits sur l'estimation faite dans l'inventaire.*

(*l*) Un arrêt de la Cour de cassation, du 5 octobre 1808, porte que les *biens à bail héréditaire, ou locations perpétuelles*, doivent être déclarés par les héritiers du preneur c cette jurisprudence est confirmée par un autre arrêt de la même Cour, du 28 janvier 1833.

(*m*) La jurisprudence est constante, sur ce point, que *les biens abandonnés* aux créanciers pour être vendus en direction, restent la propriété du débiteur jusqu'au jour de la vente, et *qu'ils font partie de la succession en cas de*

48

décès, ainsi qu'il résulte de trois arrêts de la Cour de cassation, des 3 ventôse an XI, 1er messidor an XII, et 27 juin 1809.

(*n*) Une instruction générale des domaines, du 4 juillet 1809, sous le n° 436, prescrit d'exiger la déclaration des *biens acquis en justice*, soit qu'il y ait ou non appel, sauf restitution, s'il y a lieu.

Un arrêt de la Cour de cassation, du 15 mai 1827, a décidé qu'aucun droit ne serait dû si l'adjudication n'avait eu lieu qu'en faveur d'un *tiers, se portant fort pour l'auteur de la succession* qui n'aurait pas donné sa ratification.

(*o*) Une instruction générale de l'administration des domaines, du 3 fructidor an XIII, sous le n° 290, prescrit d'exiger le droit de mutation après décès *des héritiers de* L'ACQUÉREUR *d'un immeuble, à pacte de rachat ou de réméré*, encore bien que le retrait de ce bien ait été exercé sur eux, avant la déclaration qu'ils doivent fournir des biens de la même succession.

Une décision de l'administration des domaines, du 20 août 1734, porte *que les héritiers du* VENDEUR, *à pacte de rachat*, doivent payer seulement les droits fixés pour les meubles, *mais dans le seul cas où ils céderaient* cette faculté de rachat à l'acquéreur ou à un tiers, moyennant un prix.

(*p*) Un arrêt de la Cour de cassation du 30 janvier 1809, a décidé qu'il y a lieu à la déclaration totale des *biens rentrés dans l'hérédité*, sans aucune compensation.

(*q*) Des enfans qui ont payé le droit d'enregistrement proportionnel, *d'une donation* que leur père leur avait faite, et qui se trouve *annulée après son décès*, ne doivent payer aucun droit pour lesdits biens. (Arrêt de la Cour de cassation du 5 juillet 1820.)

Un arrêt de la Cour de cassation du 2 février 1809, a décidé que *l'immeuble revendu sur folle enchère*, après la mort de l'adjudicataire, ne fait point partie de la succession ; néanmoins, *si les héritiers de l'adjudicataire avaient disposé de l'immeuble* avant qu'il ne fût revendu sur folle enchère, il serait tenu du paiement des droits de mutation après décès sur l'immeuble, ainsi qu'il résulte d'un autre arrêt de la même Cour, du 14 février 1825.

Une délibération de l'administration des domaines, du 23 décembre 1825, porte qu'il n'est dû aucun droit de mutation après décès, dans le cas d'acquisition en commun par plusieurs personnes, *avec stipulation expresse que le survivant restera seul propriétaire* de la chose · cette délibération était appuyée sur une précédente du 12 mai 1824, qui avait décidé qu'il n'y avait pas de déclaration à faire pour l'usufruit réservé au survivant, en vertu, soit d'une donation ou d'une vente à deux personnes.

Le donataire par acte en forme, soit d'un immeuble sous réserve, par le donateur d'usufruit, et de la faculté de vendre cet immeuble, soit d'une somme à prendre sur le prix en cas de vente, ne doit payer aucun droit de mutation après le décès du donateur. (Arrêt de la Cour de cassation du 17 août 1831.)

Un arrêt de la Cour de cassation, du 21 août 1813, a statué que les *créances ...... même dues en pays étranger, doivent être déclarées au bureau du domicile du décédé*, et cette jurisprudence a été confirmée :

1° Par trois arrêts de la même Cour, en dates des 27 juillet 1819, 16 juin et 10 novembre 1823, qui portent que les créances résultant d'obligations hypothéquées sur les immeubles situés dans la France, doivent acquitter le droit de mutation par décès, même lorsqu'elles dépendent de la succession d'un étranger décédé hors de France ;

2° Et d'un avis du comité des finances, du 11 février 1829, approuvé le 11 mars, même année, *qui décide que le droit n'est dû que lorsqu'il est établi que ... obligations sont payables en monnaie française.*

Conséquemment, il n'y a point de déclaration à faire pour les créances dues par les étrangers payables en monnaie du pays, et pour des marchandises consignées en pays étranger, et qui dépendent de successions ouvertes en France.

Il résulte de trois décisions de l'administration des domaines, en dates des 9 juillet 1811, 27 mars 1822, et 12 septembre 1829, et de son instruction générale du 29 décembre 1829, sous le n° 1303, que les meubles et effets mobiliers *des ambassadeurs et consuls des pays étrangers*, ne doivent, en France, payer aucun droit de mutation après décès.

Néanmoins, un arrêt de la Cour de cassation du 26 avril 1815, a décidé que les droits de mutation étaient dus sur le montant des *créances civiles et commerciales d'un consul.*

L'instruction générale de l'administration des domaines, du 23 février 1808, porte qu'il n'est dû aucun droit de mutation après décès, pour les *biens revenant en vertu du droit de retour, expressément réservé dans l'acte.*

Un arrêt de la Cour de cassation, du 28 décembre 1829, a décidé que le droit de mutation est exigible lors du *retour prévu par les art. 351 et 352 du Code civil, en faveur de l'adoptant* ou de ses héritiers.

(*r*) L'instruction générale de l'administration des domaines, du 23 décembre 1807, sous le n° 360, prescrit de ne percevoir que le droit dû pour le mobilier, lorsque la société où il existe des immeubles continue après la mort d'un associé.

Et la Cour de cassation a décidé par deux arrêts des 3 et 6 mars 1829, que s'il existe un partage de la société, les héritiers de l'associé décédé n'ont à payer les droits que sur la portion nette, lui revenant aux termes dudit partage.

(*s*) Deux arrêts de la Cour de cassation, en dates des 18 nivôse an xii, et 17 pluviôse an xiii, ont décidé que les *successions vacantes* sont, comme les autres, assujetties aux paiemens des droits de mutation après décès.

(*t*) La jurisprudence nous parait constante sur ce point, *que s'il existe un partage avant la déclaration de succession, il doit servir de base à cette déclaration* : ainsi, un arrêt de la Cour de cassation, du 16 juillet 1823, a décidé que l'effet du partage entre co-héritiers ou époux communs en biens, est de faire considérer chaque co partageant comme *propriétaire ab initio* des biens qui lui sont échus, aux termes des articles 883 et 1476 du Code civil ; et des instructions générales de l'administration des domaines, des 30 septembre 1833, sous le n° 1437, et 21 avril 1835, sous le n° 1481, il résulte que si *dans un partage antérieur à la déclaration de succession*, le lot des héritiers a été formé de valeurs mobilières dépendant de la communauté, le droit de mutation après décès n'est dû que sur ces sommes.

(*u*) L'instruction générale de l'administration des domaines, du 11 octobre 1817, sous le n° 809, par suite d'une décision des ministres des finances et de la justice, en date du 18 juillet 1817, porte *que les reprises* à exercer ne doivent pas être confondues avec les charges ordinaires, et *qu'il peut en être formé distraction sur les biens de la communauté*.

Un arrêt de la Cour de cassation du 18 mai 1824, porte qu'il n'y a pas lieu à faire distraction des *reprises*, lorsqu'en cas d'insuffisance des biens de la communauté, la femme commune en biens est autorisée à prendre *ses reprises sur les propres de son mari* : il en serait de même si la femme avait renoncé à la communauté, ou s'il n'existait point de communauté. (Arrêt de la Cour de cassation du 10 août 1830, et instruction générale de l'administration des domaines, du 31 décembre 1828, sous le n° 1263.)

(*v*) Un arrêt de la Cour de cassation, du 31 juillet 1832, décide que tant qu'il n'y a point de *remploi consommé*, l'immeuble doit payer le droit de mutation comme acquêt de communauté.

Un arrêt de la Cour de cassation, du 31 mai 1835, porte que la portion acquise par le mari, des droits immobiliers indivis avec sa femme, *même lorsqu'ils sont mariés sous le régime dotal*, appartient à la succession du mari, tant que l'option laissée à la femme par l'art. 1408 du Code civil n'a pas été faite.

(*x*) Un avis du comité des finances, du 14 juin 1826, approuvé le 7 juillet suivant, a décidé qu'il n'est dû aucun droit de mutation après décès, *par l'époux survivant qui obtient des* IMMEUBLES AMEUBLIS, dans le lot qui lui est fixé par le partage de la communauté.

Trois arrêts de la Cour de cassation, en dates des 6 mars 1822, 6 novembre 1824, et 24 novembre de la même année, ont décidé qu'il n'est dû *aucun droit de mutation après décès par le survivant des époux appelés à recueillir, soit une partie, soit la totalité des biens de la communauté, aux termes d'une clause de son contrat de mariage,* attendu que cette donation n'est qu'une simple convention entre associés, autorisée par l'art. 1525 du Code civil.

Les instructions générales des domaines, des 26 septembre 1826, sous le n° 1256, et du 23 mars 1833, sous le n° 1422, portent *qu'il n'est dû aucun droit pour la reprise des apports* stipulés en vertu de l'art. 1514 du Code civil, et pour la clause qui n'attribuerait au survivant qu'une part moindre dans la communauté, aux termes des art. 1520 et 1522 du Code civil ; enfin, que l'époux survivant ne doit aucun droit, lorsqu'il a été stipulé dans le contrat de mariage, qu'un immeuble faisant partie des apports appartiendrait en toute propriété au survivant pour le prix de l'estimation ; *mais, dans ce dernier cas,* les héritiers doivent comprendre dans leur déclaration après décès la moitié dudit prix.

Un arrêt de la Cour de cassation, du 6 mars 1822, a décidé que la clause d'un contrat de mariage, d'où il résulte que le mari n'est tenu de rendre aux héritiers de sa femme que ce qu'il aura reçu d'elle, n'est qu'une *modification de communauté,* aux termes de l'art. 1525 du Code civil ; d'où il résulte qu'il ne doit payer *aucun droit de mutation par décès, sur les acquêts de la communauté.* Une décision précédente des ministres de la justice et des finances portait, que lorsqu'il existait une clause dans un contrat de mariage, d'où il résultait que le survivant pouvait conserver les biens de la communauté, à la charge de remettre aux héritiers la moitié de la valeur de ses biens, les seuls droits de mutation devaient être perçus sur cette valeur.

Un arrêt de la Cour de cassation, du 30 juillet 1823, a décidé qu'il n'était dû *aucun droit de mutation après décès, pour les préciputs* stipulés en vertu de l'art. 1515 du Code civil, à prendre sur les biens de la communauté.

Un arrêt de la Cour de cassation, du 11 germinal an ix, porte qu'il n'est dû *aucun droit de mutation après décès du prémourant, lorsqu'il a été établi que l'immeuble acquis appartiendrait en totalité au survivant.*

Deux délibérations de l'administration des domaines, des 9 janvier 1812 et 25 octobre 1823, prescrivent de ne percevoir aucun droit de mutation après décès, lorsque le survivant profite d'une *rente reversible sur sa tête, comme formant le prix d'un bien de communauté ; ou de l'usufruit* réservé par l'acte de l'acquisition d'un bien de même nature.

Une instruction générale de l'administration des domaines, du 8 juin 1830, sous le n° 1320, décide que si *la rente reversible est le prix de la vente d'un bien propre* aux décédés, le survivant est tenu de payer les droits de mutation après décès, ainsi que l'a jugé le tribunal civil de première instance du département de la Seine, le 10 mars 1830.

(*y*) La Cour de cassation a jugé le 22 fructidor an ix, qu'*il n'est dû aucun droit par les héritiers donataires ou légataires qui renoncent à la succession*, et que peu importe que la renonciation soit postérieure aux poursuites exercées par l'administration, ou passée seulement devant notaires.

(*z*) Quatre arrêts de la Cour de cassation, en dates des 19 août 1823, 30 mars, 6 avril 1824, et 3 mai 1836, ont décidé *que la révocation des avantages faits en faveur du survivant, ne résulte nullement de la séparation de corps,* qui, sur ce point, ne ressemble pas au divorce.

Voir les art. 21, 25, 27 et 32 de la présente loi, avec leurs notes ; et, au besoin, les art. 28, 29, 60, 148, 160, 161, 162, 223 et 237 de *la Jurisprudence.*

TITRE V. — *Du paiement des droits, et de ceux qui doivent les acquitter.*

Art. 28. Les droits des actes et ceux des mutations par décès seront payés avant l'enregistrement, aux taux et quotités réglés par la présente.

Nul ne pourra en atténuer ni différer le paiement, sous le prétexte de contestation sur la quotité, ni pour quelque autre motif que ce soit, sauf à se pourvoir en restitution, s'il y a lieu (*a, b*).

(*a*) Quelques employés avaient pensé qu'ils pouvaient recevoir les droits simples des actes et mutations, en se bornant à exprimer dans leur quittance la réserve des droits en sus et amendes pour le cas où la remise n'en serait pas ultérieurement accordée aux parties par le ministre des finances ; mais une instruction générale du 10 mai 1833, sous le n° 1423, a fait rentrer dans la stricte exécution de l'article 28 ci-dessus, combiné avec l'article 59 ci-après, qui défend aux préposés, ainsi qu'à toute autorité, de suspendre ni faire suspendre le recouvrement des droits d'enregistrement et des peines encourues.

(*b*) Cinq arrêts de la cour de cassation, en dates des 29 germinal an XI, 5 nivose an XII, 21 avril et 28 octobre 1806, et 1er février 1830, ont décidé que les receveurs de l'enregistrement doivent exiger le paiement des droits en même temps que la déclaration de succession, et, à défaut de paiement dans les six mois du décès, le demi-droit en sus est encouru, aux termes de la loi.

Voir l'art. 59 de la présente loi ; et, au besoin, les articles 158, 258 et 313, de *la Jurisprudence.*

Art. 29. Les droits des actes à enregistrer seront acquittés,

SAVOIR :

Par les notaires, etc....

Et par les héritiers, légataires et donataires, leurs tuteurs et curateurs ; et les exécuteurs testamentaires, *pour les testamens et autres actes de libéralité à cause de mort* (*a*).

(*a*) L'article 28 de *la Jurisprudence* donne le texte d'un jugement du tribunal de première instance de Saint-Quentin, du 30 janvier 1833, auquel l'administration des domaines a acquiescé, par une délibération du 23 juillet 1833, qui porte que le droit de mutation par décès n'est pas dû sur une donation au profit du survivant des époux, lorsque le donataire renonce purement et simplement à l'effet de la donation.

Voir l'art. 21 de la présente loi, avec ses notes.

Art. 32. Les droits des déclarations des mutations par décès seront payés par les héritiers, donataires ou légataires.

Les cohéritiers seront solidaires.

L'état aura action sur les revenus des biens à déclarer, en quelques mains qu'ils se trouvent, pour le paiement des droits dont il faudrait poursuivre le recouvrement (*a* jusqu'à *z*).

(*a*) Un arrêt de la Cour de cassation, du 12 pluviose an VIII, a décidé que l'instant du décès fixe celui de l'ouverture de la succession.

(*b*) La Cour de cassation a jugé, le 13 octobre 1814, que, lorsque les droits de succession ont été payés par un légataire universel en ligne collatérale, et qu'il a été dépossédé par un parent au même degré, légataire universel en vertu d'un testament postérieur, ce paiement libère entièrement la succession des droits de mutation après décès.

(*c*) Un avis du conseil d'état du 2 septembre 1808, approuvé le 8 du même mois, et conforme à *la Jurisprudence* de la Cour de cassation, établie par arrêts des 27 mai 1807, 12 avril et 8 septembre 1808, a décidé que la déclaration des héritiers ou légataires universels devant comprendre la totalité des biens de la succession, il n'est pas dû de droit particulier pour les legs de sommes d'argent à prendre dans la même succession, surtout lorsque ces legs sont faits à une personne possédant le même degré d'hérédité, ou un plus rapproché que le légataire universel.

La Cour de cassation a jugé, les 6 février 1827 et 14 février 1829, que, dans une succession où le testateur a légué plusieurs sommes en argent, lorsqu'il existe des rentes sur l'état exemptes des droits de mutation, et d'autres effets, il suffit que l'on paie les droits de mutation sur les valeurs qui y sont assujetties, et non sur les sommes léguées.

(*d*) La Cour de cassation a décidé, le 11 septembre 1809, que la disposition par laquelle un légataire est chargé de payer une somme pour être employée en prières, n'est point un legs, *mais une charge* de la succession.

(*e*) Une délibération de l'administration des domaines, du 7 décembre 1830, porte que lorsque le legs d'une somme d'argent a été fait seulement pour remplacer la *donation entre vifs* d'une somme égale en nue-propriété, il n'est dû aucun droit de mutation après décès.

(*f*) Un arrêt de la Cour de cassation, du 21 décembre 1813, a décidé que les legs à prendre sur des créances hypothéquées sur des immeubles situés hors de France devaient acquitter les droits de mutation au domicile du décédé.

(*g*) Il résulte de quatre arrêts de la Cour de cassation, en dates des 8 septembre 1808, 23 novembre 1811, 17 mars 1812, et 24 mai 1813, que les legs de rentes, ou pensions viagères, doivent être assimilés aux legs des sommes d'argent, et conséquemment ne sont assujettis à aucun droit de mutation après décès, lorsque les droits ont été acquittés sur la totalité de la succession ; sauf, comme pour les legs des sommes d'argent, la quotité des droits en raison de la parenté.

(*h*) Une délibération de l'administration des domaines, du 16 avril 1823, porte qu'un legs de cent francs payable annuellement, pendant vingt-quatre ans seulement, ou jusqu'au décès du légataire, doit être considéré comme une rente viagère au capital de mille francs.

(*i*) Un arrêt de la Cour de cassation, du 23 novembre 1818, a décidé que le légataire universel de l'usufruit, *saisi de son legs*, doit payer les droits de mutation après décès.

Deux arrêts de la Cour de cassation du même jour, 30 décembre 1834, ont décidé que, dans les cas de reversibilité d'un usufruit, les délais ne doivent courir qu'à compter du décès du premier légataire.

(*k*) Par deux arrêts, en dates des 29 germinal an XI, et 21 mai 1806, la Cour de cassation a jugé que l'administration des domaines est fondée à exercer des poursuites, pour le paiement des droits de succession, contre celui des héritiers qu'elle veut choisir ou contre tous : néanmoins, la même Cour a jugé, le 17 mars 1823, que lorsqu'un jugement a été rendu, *contre un héritier seul,* sans être déclaré commun à ses cohéritiers, ces derniers ne peuvent pas être poursuivis en vertu de ce jugement.

(*l*) Un arrêt de la Cour de cassation, du 21 mai 1806, a décidé que les héritiers *de la nue-propriété même,* sont directement tenus du paiement des droits de succession, et cet arrêt est basé sur deux précédens de la même Cour, en dates des 20 frimaire an XIV, et 9 juin 1813, qui portaient que les héritiers doivent acquitter intégralement les droits *de suite.*

(*m*) Un arrêt de la Cour de cassation, du 9 juin 1813, a jugé que *l'héritier de l'usufruit* qui a payé, en vertu de l'action solidaire, les droits de succcession dus par le nu-propriétaire, a dès-lors droit de se faire rembourser des sommes qu'il a payées à sa décharge, sans qu'il puisse lui être opposé qu'il devait faire la vente d'une partie soumise à son usufruit pour acquitter ces droits, ou en faire l'avance.

(*n*) Deux instructions générales de l'administration des domaines, en dates des 29 messidor an xii, sous le n° 239, et 7 juin 1808, sous le n° 386, portent *qu'il n'existe aucune solidarité* pour le paiement des droits, 1° *entre les héritiers légitimes et les enfans naturels reconnus*, attendu que la loi porte que la solidarité n'existe qu'entre cohéritiers; et 2° *entre les héritiers du sang et les légataires.*

(*o*) Deux arrêts de la Cour de cassation, des 23 frimaire an xi, et 23 mai 1810, ont décidé que l'administration des domaines peut poursuivre le paiement des droits de mutation après décès, jusqu'à ce qu'il lui soit justifié d'une renonciation.

Une décision des ministres des finances et de la justice, des 20 avril et 7 mai 1808, porte *qu'une renonciation devant notaire, quoique irrégulière* en la forme, suffit pour ne pas payer les droits après mutation de décès.

(*p*) Un arrêt de la Cour de cassation, du 6 mai 1824, a jugé que, lorsque l'administration des domaines veut se prévaloir *d'un acte d'héritier*, il faut que cet acte soit évident, lorsqu'il y a eu renonciation, ou qu'il n'existe pas d'acceptation expresse.

(*q*) Cinq arrêts de la Cour de cassation, en dates des 21 avril et 21 août 1806, 7 avril 1835, et deux du 12 juillet 1836, ont décidé que *l'héritier sous bénéfice d'inventaire* est personnellement débiteur des droits de mutation après décès, comme l'héritier pur et simple; et deux arrêts de la même Cour, des 29 germinal an xi, et 28 octobre 1806, avaient déjà jugé que cette obligation existait toujours, alors même qu'il y aurait un légataire en usufruit, ou qu'il serait allégué que la totalité de la succession ne pourrait suffire à désintéresser tous les créanciers.

Il résulte des trois arrêts de la Cour de cassation, en dates des 21 décembre 1829, 1er février 1830 et 24 avril 1833, *que toute renonciation faite par un héritier sous bénéfice d'inventaire, est nulle* et ne peut produire aucun effet.

(*r*) Un arrêt de la Cour de cassation, du 6 juin 1815, porte que *les héritiers* qui renoncent à une succession que *leur auteur avait acceptée sous bénéfice d'inventaire*, ne doivent plus, dans ce cas, le droit de succession.

Un arrêt de la Cour de cassation, du 18 octobre 1809, a jugé que le paiement des droits de mutation après décès ne pouvait pas être poursuivi sur les biens propres au fils d'un héritier sous bénéfice d'inventaire, décédé.

(*s*) Un arrêt de la Cour de cassation, du 4 août 1807, porte que les droits sont dus pour toute succession, au moment de son ouverture, et, qu'aux termes de la loi, ils doivent être acquittés, non-seulement par les héritiers, donataire ou légataire, mais encore par *les tuteurs, curateurs ou autres administrateurs*.

La Cour de cassation a décidé le 25 octobre 1808, qu'un tuteur qui a fait vendre, soit une partie, soit la totalité des biens échus à son pupille, *devient personnellement responsable* de la totalité des droits dus pour la mutation après décès ; et cet arrêt a été confirmé par un autre de la même Cour, du 1er décembre 1812, qui a jugé que l'on pouvait exercer l'action directe contre le tuteur, pour la totalité des droits, lorsqu'il était justifié que le non-paiement provenait de la faute du tuteur.

(*t*) Il résulte de cinq arrêts de la Cour de cassation, en dates des 18 nivose et 9 prairial an XII, 3 nivose, 17 pluviose et 4 floréal an XIII, que *le curateur à une succession vacante* est tenu de payer les droits de mutation après décès; et cette jurisprudence a été confirmée par deux autres arrêts de la même Cour, des 19 thermidor an XIII, et 4 août 1807, qui portent que l'administration des domaines peut, dans tous les cas, exercer son action contre le curateur, *sauf par lui à établir son compte*.

Néanmoins, un arrêt de la même Cour, du 29 avril 1807, et un jugement du tribunal civil de première instance de Saint-Amand, ont décidé que le curateur, qui, *par le résultat de son compte, n'a aucuns deniers* entre ses mains, doit être dispensé, pour le moment, d'acquitter les droits de mutation après décès.

(*u*) Il résulte de quatre arrêts de la Cour de cassation, en dates des 15 avril, 11 et 27 mai, et 17 octobre 1810, que le privilége accordé *sur le tiers détenteur*, pour le paiement des droits de mutation après décès, sur les revenus de l'immeuble, cesse lorsque le tiers-acquéreur s'est libéré de son prix sans oppositions et d'après des bordereaux de collocations

Un arrêt de la Cour de cassation, du 6 mars 1808, décide que, dans le cas d'adjudication sur saisies immobilières, l'administration des domaines, pour son action en paiement des droits de mutation après décès à prendre par privilége sur les revenus, doit être envoyée à l'ordre, comme tout autre créancier.

Deux arrêts de la Cour de cassation, des 29 avril 1807 et 8 mai 1811, ont jugé que le tiers-acquéreur qui s'est libéré de son prix, *après avoir fait transcrire son contrat sans trouver d'inscription au nom du trésor*, ne peut pas être poursuivi pour paiement de droits de mutation après décès.

La jurisprudence ci-dessus établie a été confirmée par un avis du conseil d'état, du 4 septembre 1816, approuvé le 21 du même mois, ainsi conçu :

« Ni pour le droit principal dû à cause de mutation par décès, ni consé-
« quemment pour le droit et le demi-droit en sus dont la peine est prononcée
« par l'art. 39, de la loi du 22 frimaire an vii, l'action accordée par l'art. 32
» de cette loi, ne peut être exercée au préjudice des *tiers-acquéreurs*. »

L'instruction générale de l'administration des domaines, du 11 octobre 1817, sous le n° 809, porte que l'avis du conseil d'état ci-dessus transcrit, ne doit s'entendre *que des tiers-acquéreurs qui ont rempli toutes les formalités hypothécaires.*

Cette instruction est conforme à un précédent arrêt de la Cour de cassation, du 29 avril 1807, qui avait déclaré affecter au paiement des droits de mutation après décès, les *revenus* des biens d'une succession, passés entre les mains d'un *tiers-acquéreur qui ne s'était pas affranchi de ce privilége* par l'accomplissement des formalités prescrites par les lois sur le régime hypothécaire.

(*v*) Un arrêt de la Cour de cassation, du 24 octobre 1814, a jugé que le paiement de mutation après décès, dû par le *nu-propriétaire d'une rente,* peut être poursuivi contre l'usufruitier de ladite rente.

(*x*) Un arrêt de la Cour de cassation, du 21 juin 1815, a décidé que des poursuites ne pouvaient pas être dirigées sur *colon partiaire,* qui, aux termes de conventions, ou d'usage local, aurait droit à la totalité des fruits du domaine.

(*z*) Une délibération de l'administration des domaines, des 14 et 20 avril 1837, formant le n° 355 de la *Jurisprudence,* a décidé que lorsqu'un *légataire particulier, en renonçant à l'usufruit d'un immeuble, se réserve seulement le mo-*

bilier qui lui a été légué, on doit considérer la renonciation comme pure et simple, et conséquemment *il ne doit payer aucuns droits* de mutation après décès.

Voir les art. 21, 27, 29, 38 et 39 de la présente loi, avec leurs notes ; et, au besoin, les articles 28, 29, 148, 160, 192, 228, 229 et 355 de la *Jurisprudence.*

TITRE VI. — *Des peines pour défaut d'enregistrement des actes et déclarations dans les délais, et de celles portées relativement aux omissions, aux fausses estimations et aux contre-lettres.*

Art. 38. Les actes sous signature privé, et ceux passés en pays étranger, dénommés dans l'article xxii, qui n'auront pas été enregistrés dans les délais déterminés, seront soumis au double droit d'enregistrement (*a*).

(*a*) Sur la question de savoir si le double droit d'enregistrement dont sont passibles les actes sous seings privés portant transmission d'immeubles, peut être exigé des héritiers ou représentans de ceux qui ont commis la contravention.

« Le conseil d'état, par son avis du 9 février 1810, a décidé que le double droit dû en exécution de l'art. 38 de la loi du 22 frimaire peut être exigé à l'enregistrement des actes qui n'ont pas été soumis à cette formalité dans les délais prescrits, lorsque ces actes sont présentés par les héritiers ou représentans de celui qui a contracté ou par tout autre. »

Il en sera de même pour les testamens non-enregistrés dans le délai. (*a, b, c, d*).

(*a*) L'administration ne peut exercer la demande des droits que contre les héritiers ou légataires. (Arrêt de la Cour de cassation du 26 février 1828.)

(*b*) Lorsqu'il s'agit du *testament d'un militaire mort en activité de service,* le délai ne court que du jour de l'inscription du décès sur les registres de la commune du lieu de son domicile. (Déc. min. fin., 29 janvier 1811.)

(*c*) L'art. 21 de la présente loi ne parlant que des testamens déposés chez les notaires ou reçus par eux, il en résulte que les *testamens olographes non déposés et ceux passés en pays étranger,* ne sont pas assujettis à l'enregistrement dans un délai déterminé, et par conséquent ne sont jamais passibles du double droit.

(*d*) Une délibértiaon de l'administration des domaines a décidé, le 16 décembre 1836, que *le légataire qui a renoncé ne peut être tenu de payer aucun droit*, soit de testament, soit de mutation après décès.

Voir les art. 21, 29 et 59 de la présente loi, avec leurs notes.

Art. 39. Les héritiers, donataires ou légataires, qui n'auront pas fait, dans les délais prescrits, les déclarations de biens à eux transmis par décès, paieront, à titre d'amende, un demi-droit en sus du droit qui sera dû pour la mutation.

La peine, pour les omissions qui seront reconnues avoir été faites dans les déclarations, sera d'un droit en sus de celui qui se trouvera dû pour les objets omis : il en sera de même pour les insuffisances constatées dans les estimations des biens déclarés.

Si l'insuffisance est établie par un rapport d'experts, les contrevenans paieront en outre les frais de l'expertise.

Les tuteurs et curateurs supporteront personnellement les peines ci-dessus, lorsqu'ils auront négligé de passer les déclarations dans les délais, ou qu'ils auront fait des omissions ou des estimations insuffisantes (*a* jusqu'à *m*).

(*a*) L'instruction générale de l'administration des domaines, du 10 septembre 1807, sous le n° 338, porte que l'héritier *a droit de rectifier sa déclaration dans les six mois du décès, sans supporter aucune peine des droits en sus.*

Une solution de la même administration, du 1er juillet 1813, décide qu'il n'est encouru aucunes peines, lorsque, après l'expiration du délai de six mois, les héritiers déclarent *qu'ils ont trouvé* des valeurs dépendant de la succession.

(*b*) Deux arrêts de la Cour de cassation, en dates des 11 avril 1815 et 18 janvier 1825, ont décidé qu'une omission peut être régulièrement constatée, si les valeurs déclarées ne sont pas conformes à l'inventaire fait après le décès.

(*c*) Un arrêt de a Cour de cassation, du 10 juin 1822, porte que les *objets soustraits, ou divertis* d'une succession, doivent toujours payer le droit de mutation après décès.

(*d*) Il résulte de deux arrêts de la Cour de cassation, en dates des 16 mars 1814 et 27 janvier 5823, *qu'il n'y a pas contravention à la loi*, lorsque les héritiers ont désigné tous les biens avec *différence seulement dans la contenance réelle, ou l'omission du nom d'une des communes*, lorsque le revenu total a été déclaré, sans qu'il soit combattu par l'administration.

(*e*) Un arrêt de la Cour de cassation du 22 messidor an xi, a décidé que toute insuffisance d'évaluation donne lieu à la peine du double droit.

(*f*) Un arrêt de la Cour de cassation, du 28 messidor an xiii, porte qu'il suffit des bordereaux d'inscriptions prises pour sûreté de paiement d'une rente, pour prouver *la valeur réelle* desdites rentes.

(*g*) Un jugement du tribunal civil de première instance d'Autun, du 22 juillet 1823, approuvé par une délibération de l'administration des domaines, en date du 15 novembre suivant, a décidé que le double droit n'est pas encouru lorsque *l'insuffisance provient seulement d'une erreur de calcul commise dans l'inventaire*.

Une délibération de l'administration des domaines, en date du 13 août, 1832, porte qu'il n'y a pas insuffisance lorsque, dans une déclaration, les héritiers d'un officier public ont porté la *valeur de sa charge* à un prix inférieur à celui auquel elle aurait été vendue postérieurement.

(*h*) Un arrêt de la Cour de cassation, au 4 décembre 1821, a décidé *que l'offre réelle*, après délais, de porter le revenu à un taux supérieur, ne peut dispenser nullement du droit en sus encouru.

(*i*) Un arrêt de la Cour de cassation, du 18 janvier 1825, a décidé que *l'insuffisance du revenu peut résulter d'une expertise faite seulement entre les parties*.

(*j*) Une délibération de l'administration des domaines, du 10 avril 1810, porte qu'un *acte de notoriété*, désignant le revenu des biens affectés â un majorat, ne suffit pas pour constater une fausse évaluation.

(*k*) Il résulte de deux arrêts de la Cour de cassation, des 21 mai 1824 et

9 mai 1826, que *la peine du double droit est toujours encourue sur le montant de l'insuffisance* constatée dans une expertise.

(*l*) L'instruction de l'administration des domaines, du 7 juin 1808, sous 'le n° 386, porte que *si la nomination du tuteur ou du curateur n'avait lieu qu'après l'expiration du délai,* le demi-droit en sus ne devrait pas être exigé, et *ils auraient droit de faire la déclaration dans un nouveau délai de six mois du jour de leur nomination,* ainsi qu'il résulte d'une instruction précédente, du 3 fructidor an XIII, sous le n° 290.

(*m*) Un arrêt de la Cour de cassation, du 26 novembre 1810, a décidé qu'il n'est dû aucun droit en sus par le curateur, *lorsque les syndics d'une faillite, dans les six mois* de la mort du failli, ont fait une déclaration dés biens à eux connus, en se réservant la faculté de faire une déclaration supplémentaire.

Voir les articles 4, 14, n°s 8, 9 et 11 , 15; n°s 1, 7 et 8 ; 18, 19, 32 et 59 de la présente loi, avec leurs notes ; et, au besoin, les articles 29, 160, 228, 237 et 268 de *la Jurisprudence.*

TITRE VII. *Des obligations des notaires, huissiers, greffiers, secrétaires, juges, arbitres, administrateurs et autres officiers ou fonctionnaires publics, des parties et des receveurs ; indépendamment de celles imposées sous les titres précédens.*

Art. 55. Les notices des actes de décès, qui, aux termes de l'art. 5 de la loi du 13 fructidor an VI, relative à la célébration des décadis, doivent être remises, pour chaque décade, au chef-lieu du canton, par les officiers publics ou les agens de communes faisant fonctions d'officiers publics, seront transcrites sur un registre particulier tenu par les secrétaires des administrations municipales.

Ces secrétaires fourniront, par quartier (*a*), aux receveurs de l'enregistrement de l'arrondissement, les relevés, par eux certifiés, desdits actes de décès. Ils seront délivrés sur papier non timbré, et remis dans les mois de (*b*) nivose, germinal, messidor et vendémiaire, à peine d'une amende de trente francs (*c*) pour chaque mois de retard. Ils en retireront *récépissé*, aussi sur papier non timbré (*d*).

(*a*) Par trimestre.

(*b*) Janvier, avril, juillet et octobre. (Décis. min. fin., 9 septembre 1806.)

(*c*) Par l'art. 10 de la loi du 16 juin 1824, cette amende progressive est réduite à une amende fixe de 10 fr. quelle que soit la durée du retard.

(*d*) Une circulaire de l'administration des domaines du 2 vendémiaire an x, sous le n° 2045, porte que les notices de décès doivent être fournies par les receveurs de l'enregistrement à chacun des maires de leur canton ou arrondissement dans les dix derniers jours de chaque trimestre , et contenir onze colonnes en blanc, *et remplies par les maires ou adjoints ou leurs secrétaires* avec soin , et qui sont obligés d'indiquer exactement , dans la première colonne, les noms et prénoms des décédés ;
Dans la deuxième colonne, leur profession ;
Dans la troisième, leur âge ;
Dans la quatrième, le lieu de leur domicile ;
Dans la cinquième, la date de leur décès ;
Dans la sixième, la commune où est né le décédé ;
Dans la septième, son état de célibataire, veuf ou marié ;
Dans la huitième, les noms de ses père et mère, avec mention si l'un ou tous deux sont décédés ;
Dans la neuvième, les noms et prénoms du survivant des époux ;
Dans la dixième, les noms, demeures, et degrés de parenté des héritiers ;
Et, dans la onzième colonne, les observations qu'ils croiront devoir faire sur les biens dépendant de la succession et leur valeur.

Art. 56. Les receveurs de l'enregistrement ne pourront, sous aucun prétexte, lors même qu'il y aurait lieu à l'expertise, différer l'enregistrement des actes et mutations dont les droits auront été payés aux taux réglés par la présente (*a*).

(*a*) Voir les articles 28 et 59 de la présente loi.

Art. 57. La quittance de l'enregistrement sera mise sur l'acte enregistré, ou sur l'extrait de la déclaration du nouveau possesseur.

Le receveur y exprimera en toutes lettres la date de l'enregistrement, le folio du registre, le numéro, et la somme des droits perçus.

Lorsque l'acte renfermera plusieurs dispositions opérant chacune un droit particulier, le receveur les indiquera sommairement dans sa quittance, et y énoncera distinctement la quotité de chaque droit perçu, à peine d'une amende de dix francs pour chaque omission (*a, b, c*).

(*a*) L'amende est réduite à 5 fr. par l'art. 10 de la loi du 16 juin 1824,

(*b*) Une circulaire de l'administration des domaines du 24 niyose an XIII porte, que *toutes quittances* ou reconnaissances quelconques des droits payés données par le receveur de l'enregistrement, *libère entièrement les parties.*

(*c*) *Les héritiers donataires ou légataires doivent toujours exiger du receveur de l'enregistrement une quittance* détaillée des droits qu'ils ont payés, aux termes de l'art. 57 ci-dessus. Cette quittance n'a besoin d'être *sur papier timbré* que *lorsque les sommes payées sont au-dessus de dix francs* ; et ce, en conséquence du huitième alinéa du n° 1 de l'art. 16 de la loi du 13 brumaire an VII, sur le timbre : le prix du papier timbré sera remboursé au receveur.

Art. 59. Aucune autorité publique, ni la régie, ni ses préposés, ne peuvent accorder de remise ou modération des droits établis par la présente et des peines encourues, ni en suspendre ou faire suspendre le recouvrement, sans en devenir personnellement responsables (*a, b*).

(*a*) Une décision du ministre des finances du 10 octobre 1821, transmise par l'instruction générale de l'administration des domaines du 25 du même mois, sous le n° 1002, a dérogé essentiellement à l'article ci-dessus par les considérans qui suivent, et par l'usage précédent fait par tous les ministres des finances.

« Le ministre secrétaire d'état des finances, s'étant fait rendre compte de la
» cause des retards qu'éprouve l'instruction des réclamations contre des amen-
» des résultant de contraventions en matière de timbre et d'enregistrement,
» ou *en remise de droits en sus* et en prorogation de délais, et ayant reconnu

» que la cause de ces retards peut être en grande partie attribuée au mode
» actuellement suivi pour la transmission de ces affaires.

» Considérant que ces retards ne sont pas moins préjudiciables aux intérêts
» des parties, qu'ils laissent dans l'incertitude sur le sort de leurs demandes,
» qu'à ceux du trésor dont ils suspendent les recouvremens, et voulant y re-
» médier par des dispositions qui impriment à l'instruction de ces sortes d'af-
» faires tout le degré d'accélération dont elles sont susceptibles,

» Rend la décision suivante :

» Art. 1er. *Les particuliers qui se croiront fondés à réclamer près de nous,*
» *soit des remises ou modérations d'amendes, ou de droits en sus et doubles*
» *droits, soit des prorogations de délais* pour le paiement des sommes par
» eux dues au trésor, pourront, toutes les fois qu'ils le jugeront convenable,
» et au lieu de nous les transmettre directement, déposer ou faire déposer
» leurs *mémoires* ou *pétitions* entre les mains du directeur de l'enregistre-
» ment du département où est situé le bureau de perception, en ayant soin
» cependant de ne rien changer à la forme de *ces réclamations, qui devront*
» *toujours énoncer que c'est au ministre des finances qu'elles sont adressées.*

» Art. 2. Les réclamations ainsi déposées seront transmises ensuite par les
» directeurs à l'administration de l'enregistrement, avec leurs observations
» motivées, *au plus tard dans la quinzaine qui suivra le jour du dépôt.*

» Art. 3 et dernier. Aucun changement n'est apporté au mode de trans-
» mission des pétitions ou mémoires qui auraient pour objet des réclamations
» contre des perceptions de droits de timbre et de droits simples d'enregistre-
» ment ou relatives à des affaires domaniales; les parties intéressées continue-
» ront, comme par le passé, de nous les envoyer directement. »

Ces mémoires ou pétitions doivent être sur papier timbré.

Ces réclamations administratives ne suspendent ni n'interrompent plus la
prescription, aux termes d'une instruction générale de l'administration des
domaines du 15 novembre 1836, sous le n° 1524. (Article 319 de la *Jurispru-*
dence.)

(*b*) Un arrêt de la Cour de cassation, du 4 février 1807, a décidé que, sous
aucun prétexte, les tribunaux ne peuvent accorder *une prorogation de délai*
pour le paiement des droits de succession ; et cette jurisprudence a été confirmée par dix arrêts de la même Cour en dates des 2 nivose an VII, 17 prairial
an XI, 21 mai 1806, 23 novembre 1807, 30 novembre suivant, 6 juin 1809, 3 septembre 1810, 11 novembre 1812, 31 janvier et 26 octobre 1814, qui ont jugé

3

que les tribunaux ne peuvent se refuser à prononcer les diverses amendes et peines établies par la présente loi du 22 frimaire an vii, sous prétexte de défaut de fraude, ou tel autre que ce soit.

Un arrêt de la Cour royale de Nancy, du 28 avril 1837, formant le nº 360 de la *Jurisprudence*, a confirmé de nouveau que les tribunaux ne peuvent se dispenser, *sous aucun prétexte*, de prononcer les peines d'enregistrement établies par la loi.

Voir les art. 28 et 56 de la présente loi ; et, au besoin, les art. 274 et 3.. de la *Jurisprudence*

TITRE VIII. *Des droits acquis et des prescriptions.*

Art. 60. Tout droit d'enregistrement perçu régulièrement en conformité de la présente, ne pourra être restitué, quels que soient les événemens ultérieurs, sauf les cas prévus par la présente (*a* jusqu'à *l*).

(*a*) La restitution d'un droit payé pour un legs, auquel on a ensuite renoncé, peut être faite dans les deux ans qui suivent la renonciation. (Décision de l'administration des domaines du 4 mai 1825.)

(*b*) La Cour de cassation a jugé, le 20 décembre 1821, que lorsque dans la perception le droit de mutation après décès il *existe une erreur du fait de l'héritier* qui a compris la totalité d'un immeuble au lieu de partie seulement de cet immeuble, les droits perçus sur le surplus, qui n'appartient pas à la succession, ayant été régulièrement perçus, ne sont pas restituables aux termes de l'article ci-dessus.

(*c*) Un arrêt de la Cour de cassation, du 1er décembre 1835, porte qu'il n'y a pas lieu non plus à restitution lorsqu'on invoque pour preuve d'erreur des *actes postérieurs* à la déclaration de succession.

(*d*) Un arrêt de la Cour de cassation, du 14 février 1825, décide qu'il n'y a pas lieu de restituer, lorsque la vente *des immeubles payés en partie par le défunt* est poursuivie, même par folle enchère, contre les héritiers.

(*e*) Un arrêt de la Cour de cassation, du 3 février 1829, a jugé qu'*un héritier sous bénéfice d'inventaire* ne peut pas demander la restitution des droits de mutation payés, quand bien même il justifierait que l'actif de la succession est insuffisant pour payer toutes les dettes.

Néanmoins, une solution de l'administration des domaines, du 12 avril 1808, et son instruction générale, du 7 juin de la même année, sous le n° 386, portent que l'art. 60 ci-dessus ne s'oppose pas à la restitution des droits de succession payés par suite d'une *erreur matérielle*, lorsque la demande est faite dans les deux ans du paiement, et la restitution effectuée d'après les ordres de l'administration elle-même. Ainsi, on a considéré, comme *erreur matérielle*, des biens compris dans la succession, et qui ont été reconnus lui être étrangers.

(*f*) Une délibération de l'administration des domaines, du 9 juin 1825, a décidé qu'il y avait lieu de restituer le droit de mutation après décès payé, sur le montant du *cautionnement d'un officier public*, attendu qu'il avait été justifié qu'il appartenait à un bailleur de fonds par privilège du second ordre.

(*g*) Il résulte d'une solution de l'administration des domaines, du 24 novembre 1829, et de son instruction générale, du 27 mars 1830, sous le n° 1307, qu'il y a lieu de restituer les droits de mutation après décès, payés par les héritiers prétendus *d'un enfant qui n'était pas né viable*.

(*h*) Une délibération de l'administration des domaines, du 30 avril 1825, porte que la restitution des droits peut être autorisée dans les deux ans de la connaissance légale *d'un nouveau testament qui dépouillerait des héritiers primitifs*.

(*i*) Aux termes d'une instruction générale de l'administration des domaines, du 4 juillet 1809, sous le n° 436, il résulte que les droits peuvent être restitués pour *des biens acquis en justice si la Cour d'appel infirme* le jugement; et, dans ce cas, le délai de deux ans pour la demande en restitution ne court qu'à compter du jour de l'arrêt.

(*k*) Deux délibérations de l'administration des domaines, en dates des 4 mai 1830 et 17 juin 1834, portent qu'il y a lieu à restitution de droit pour un *legs annulé*; et une autre délibération, du 18 août 1826, décide que, lorsqu'un *jugement annulle, partie ou totalité d'un testament*, il y a lieu à restitution, lorsqu'il a acquis force de chose jugée, attendu *que ce jugement ne peut pas être réputé événement postérieur* aux termes de l'art. 60 ci-dessus.

(*l*) Une délibération de l'administration des domaines, en date du 21 octobre 1836, a jugé qu'il y a lieu à restitution lorsque le paiement des droits de mutation après décés a été fait d'après *un bail non courant* à l'époque du décès, parce que la perception n'aurait pas été régulièrement faite.

Art. 61. Il y a prescription pour la demande des droits, savoir :

N° 1. *Après deux années, à compter du jour de l'enregistrement, s'il s'agit* d'un droit non perçu sur une disposition particulière dans un acte, ou d'un supplément de perception insuffisamment faite, ou d'*une fausse évaluation dans une déclaration*, et pour la constater par voie d'expertise (*a*).

(*a*) Un arrêt de la Cour de cassation, du 13 octobre 1806, a décidé que la prescription pour le droit et le double droit des *testamens* ne peut s'acquérir que par trente ans.

Les parties seront également non recevables, après le même délai, pour toute demande en restitution de droits perçus.

N° 2. Après trois années, aussi à compter du jour de l'enregistrement, s'il s'agit d'une omission de biens dans une déclaration faite après décès (*a, b*).

(*a*) Un arrêt de la Cour de cassation, du 10 juin 1822, porte que la prescription de trois ans est applicable à *l'omission d'objets divertis de la succession*.

(*b*) Un arrêt de la Cour de cassation, du 28 juin 1820, déclare que la prescription de trois ans ne peut pas être applicable aux droits de mutation à payer pour un *immeuble situé hors du canton* ou de l'arrondissement du bureau où la déclaration a été faite, attendu que c'est le cas d'appliquer le n° 3 du présent article.

N° 3. Après cinq années, à compter du jour du décès, pour les successions non déclarées.

Les prescriptions ci-dessus seront suspendues par des demandes signi-fiées et enregistrées avant l'expiration des délais ; mais elles seront acquises irrévocablement, si les poursuites commencées sont interrompues pendant une année sans qu'il y ait d'instance devant les juges compétens, quand même le premier délai pour la prescription ne serait pas expiré (*a* jus qu'à *x*).

(*a*) Deux arrêts de la Cour de cassation, des 26 frimaire an VIII et 23 floréal an IX, ont décidé que la *prescription de cinq ans* court à compter du jour de l'ouverture de la succession.

(*b*) Il résulte de quatre arrêts de la Cour de cassation, en dates des 5 ventose an IX, 30 juin 1806, 3 novembre 1813 et 25 janvier 1815, que *la prescription quinquennale* ne peut pas être opposée à l'administration tant que le décès n'a pas été inscrit sur le registre de l'état civil.

(*c*) Un arrêt de la Cour de cassation , du 9 juin 1817, décide que la prescription peut être opposée si le décès a été constaté sur les registres de l'état civil *d'une colonie française ;* et un autre arrêt de la même Cour, du 12 novembre 1822 , a confirmé cette jurisprudence en jugeant que cette prescription pouvoit être opposée s'il s'était écoulé cinq ans depuis le rétablissement des relations interrompues par la guerre.

(*d*) Un arrêt de la Cour de cassation, du 8 mai 1809, décide que , à l'égard des *décès à l'étranger,* la prescription ne court que du jour de l'acte de possession des héritiers, ou de la présentation à l'enregistrement du testament du défunt.

Un arrêt de la Cour de cassation, du 7 mai 1833 , juge que la prescription ne court que du jour de l'envoi en possession, à *l'égard du légataire d'un étranger décédé hors de France.*

(*e*) Il résulte de quatre arrêts de la Cour de cassation, en dates des 3 thermidor an IX, 19 thermidor an XIII, 22 brumaire an XIV et 22 décembre 1806, que la prescription en faveur des héritiers d'un *absent* ne court que du jour de la mise en possession,

(*f*) Cinq arrêts de la Cour de cassation, en dates des 25 juin 1806, 20 avril 1807, 26 novembre 1810, 7 janvier et 29 avril 1818, ont décidé que la prescription ne court que du jour où le décès est parvenu à la connaissance de l'administration des domaines pour toutes les successions de *militaires en activité de service morts hors de leur département.*

(*g*) Trois arrêts de la Cour de cassation, des 7 février 1809, 5 novembre 1821 et 6 mai 1822, ont jugé que la prescription quinquennale peut être opposée, à l'égard de la succession d'un *militaire mort en activité de service hors de son département*, lorsque les héritiers justifient, soit 1° d'un inventaire, soit 2° d'une assignation à partage, et 3° d'une inscription de décès sur les registres des hôpitaux militaires ou de la marine déposée à la mairie.

(*h*) Un arrêt de la Cour de cassation, du 31 juillet 1815, porte que la prescription quinquennale court également au profit de l'héritier de la *nu-propriété* à compter du décès.

(*i*) Deux arrêts de la Cour de cassation, des 30 mars 1813 et 20 août 1816, ont décidé que la prescription ne commence à courir, pour les *biens rentrés dans l'hérédité*, qu'à compter du jour de l'envoi en possession définitif.

(*k*) Il résulte de cinq arrêts de la Cour de cassation, en dates des 8 germinal an XI, 20 frimaire an XIV, 3 septembre 1810, 8 mars 1826 et 20 août 1827, que, s'il n'a été fait aucune déclaration de succession, la prescription quinquennale commence à courir à compter du décès pour le paiement des droits de mutation dus sur les *biens dont la succession n'est pas saisie* lors du décès.

(*l*) Un arrêt de la Cour de cassation, du 26 juillet 1825, a décidé que la prescription de cinq ans ne court que du jour de l'ouverture *d'un testament mystique.*

(*m*) Une jurisprudence constante sur ce point, que la prescription de cinq ans des droits d'une *succession séquestrée* ne court que du jour de la mise en possession réelle des héritiers par suite de la main-levée du séquestre, résulte de quatorze arrêts de la Cour de cassation, en dates des 20 prairial an X, 2 ventose et 14 germinal an XI, 14 frimaire an XII, *deux* du 30 pluviose même année, 19 thermidor an XII, 24 brumaire et 24 nivose an XIII, 11 mai et 7 août 1807, 1er août 1808, 14 août 1811 et 9 novembre 1813.

(*n*) Un arrêt de la Cour de cassation, du 20 mars 1808, a décidé que la pres-

cription *n'était pas interrompue au profit des parties*, par des poursuites
que l'administration aurait pu faire dans son intérêt propre.

(o) *Les réclamations administratives, qui, autrefois, suspendaient la prescription, n'ont plus cette faculté* depuis l'instruction générale de l'administration des domaines, du 15 novembre 1836, sous le n° 1524 ; il faut, aux termes de la loi, un acte extra-judiciaire introductif d'instance.

(p) Un arrêt de la Cour de cassation, du 14 août 1811, a décidé que *la prescription ne peut être interrompue que par des actes extra-judiciaires*, qui ne renferment aucune nullité.

(r) Deux arrêts de la Cour de cassation, en dates des 7 décembre 1807 et 5 décembre 1821, ont jugé qu'il y a *prescription annale*, lorsque les poursuites ont été suspendues pendant une année entière, et que la prescription des droits réclamés est en outre acquise aux parties.

s) Il résulte d'un arrêt de la Cour de cassation, du 1er avril 1834, *qu'il n'y a pas interruption de poursuites*, lorsqu'il a été fait dans l'année itératif commandement.

(t) La prescription d'un an ne peut pas être opposée par une partie qui a consenti *novation du titre de l'administration*, ou a payé des sommes à compte des condamnations prononcées contre elle, aux termes d'un arrêt de la Cour de cassation du 10 décembre 1821.

. Trois arrêts de la Cour de cassation, en dates des 23 germinal an XI, 19 juin 1809 et 27 juillet 1813, ont décidé qu'il n'y a plus lieu à la prescription annale, *dès que l'instance est engagée* par une demande judiciaire devant le tribunal compétent.

(u) Un arrêt de la Cour de cassation, du 13 novembre 1815, a jugé que tant que la section civile de la Cour suprême n'a pas été saisie, le pourvoi en cassation n'établit pas *une instance* proprement dite.

(v) Un arrêt de la Cour de cassation, du 18 avril 1821, a décidé qu'il n'existe pas de *péremption d'instance,* lorsque, aux termes de l'art. 399 du Code de procédure civile, la péremption encourue est couverte par une assignation en reprise d'instance, qui soit antérieure à la demande en péremption formée par les parties.

(*x*) Il résulte d'un arrêt de la Cour de cassation, du 21 juin 1809, que lorsque les poursuites à fin de saisie ont été interrompues pendant trois ans, il y a *péremption*.

Voir l'art. 65 de la présente loi, avec ses notes ; et, au besoin, les articles 5, 92, 107, 111, 153, 227, 268, 284, 309 et 319 de *la Jurisprudence*.

Art. 62. La date des actes sous signature privée ne pourra cependant être opposée à l'état pour prescription des droits et peines encourus, à moins que ces actes n'aient acquis une date certaine par le décès de l'une des parties ou autrement (*a*).

(*a*) Voir les notes de l'art. 61 précédent de la présente loi.

TITRE IX. — *Des poursuites et instances.*

Art. 63. La solution des difficultés qui pourront s'élever relativement à la perception des droits d'enregistrement avant l'introduction des instances, appartient à la régie (*a*).

(*a*) Le droit accordé par cet article à l'administration des domaines, n'empêche nullement que *toutes les demandes formées contre elle puissent être portées directement devant les tribunaux ;* et les décisions du ministre des finances, et les solutions de l'administration, ne sont conséquemment obligatoires que pour les employés et les parties qui y auraient acquiescé formellement, ainsi qu'il résulte d'une ordonnance royale du 17 juillet 1816.

Art. 64. Le premier acte de poursuite pour le recouvrement des droits d'enregistrement et le paiement des peines et amendes prononcées par la présente, sera une contrainte : elle sera décernée par le receveur ou préposé de la régie ; elle sera visée et déclarée exécutoire par le juge de paix du canton où le bureau est établi, et elle sera signifiée.

L'exécution de la contrainte ne pourra être interrompue que par une opposition formée par le redevable et motivée, avec assignation, à jour fixe, devant le tribunal civil du département (a). Dans ce cas, l'opposant sera tenu d'élire domicile dans la commune où siége le tribunal (b).

(a) De l'arrondissement dans le ressort duquel est situé le bureau d'où part la contrainte. (Arrêts de la Cour de cassation, du 14 nivose an XI, et 5 mai 1806.)

(b) Un arrêt de la Cour de cassation, du 1Q mai 1815, a décidé que l'administration des domaines, pour diriger les poursuites contre les *syndics d'un failli*, n'a nullement besoin de les assigner devant un tribunal de commerce.

Voir, au besoin, les articles 50, 207 et 230 de *la Jurisprudence.*

Art. 65. L'introduction et l'instruction des instances auront lieu devant les tribunaux civils de département : la connaissance et la décision en sont interdites à toutes autres autorités constituées ou administratives.

L'instruction se fera par *simples mémoires* respectivement signifiés.

Il n'y aura d'autres frais à supporter pour la partie qui succombera, que ceux du papier timbré, des significations, et du droit d'enregistrement des jugemens.

Les tribunaux accorderont, soit aux parties, soit aux préposés de la régie qui suivront les instances, le délai qu'ils leur demanderont pour produire leurs défenses : il ne pourra néanmoins être de plus de trois mois.

Les jugemens seront rendus dans les trois mois au plus tard, à compter de l'introduction des instances, sur le rapport d'un juge, fait en audience publique, et sur les conclusions du ministère public ; ils seront sans appel et ne pourront être attaqués que par voie de cassation (a jusqu'à vvv).

(a) Un arrêt de la Cour de cassation, du 7 mai 1806, a décidé que les parties n'ont pas le droit de saisir aucun tribunal *avant le paiement des droits, ou avant qu'une contrainte* ait été décernée.

(b) Trois arrêts de la Cour de cassation, des 14 nivôse an XI, 1er messidor an XII, et 30 décembre 1806, portent que l'instance doit toujours être engagée devant *le tribunal dans le ressort duquel est établi le bureau de l'enregistre-ment* où la contestation s'est élevée.

(c) Un arrêt de la Cour de cassation, du 28 août 1809, décide que la *section du tribunal chargée spécialement des matières d'enregistrement, est toujours compétente* pour statuer, encore bien que l'assignation indique une autre section du même tribunal.

(d) D'un arrêt de la Cour de cassation, du 21 février 1831, il résulte qu'il n'y a pas lieu d'admettre *la demande reconventionnelle* en restitution en droits perçus hors de l'arrondissement du ressort du tribunal où l'instance est introduite.

(e) La jurisprudence nous paraît conforme sur ce point, que le tribunal civil de 1re instance ne peut jamais juger, en matière d'enregistrement, à la *chambre de police correctionnelle*, ainsi qu'il résulte de plusieurs arrêts des Cours royales, et notamment de deux arrêts de la Cour de cassation, en dates des 4 ventose an XII et 28 janvier 1835.

(f) Trois arrêts de la Cour de cassation, des 2o octobre 1813, 31 janvier 1814 et 10 février 1819, décident que, lorsque la *signification* ordonnée par l'article 65 ci-dessus n'a pas été faite à l'administration des domaines, le jugement devient nul.

(g) Un arrêt de la Cour de cassation, du 28 mai 1823, porte que les *signi-fications faites* au ministère public, *et non à l'administration elle-même*, rendent le jugement nul.

(h) Un arrêt de la Cour de cassation, du 18 janvier 1808, décide que le ju-gement est nul toutes les fois qu'il a été *produit à l'audience des pièces justi-ficatives qui n'ont pas été signifiées.*

(i) Deux arrêts de la Cour de cassation, des 23 fructidor an IX et 20 mars 1816, ont jugé que l'art. 65 ci-dessus ne défend pas aux tribunaux *d'entendre à l'audience les parties elles-mêmes.*

(j) Un arrêt de la Cour de cassation, du 24 novembre 1806, porte que le *pourvoi n'est nullement suspensif;* mais les parties doivent fournir caution des sommes à eux adjugées, aux termes d'un autre arrêt de la même Cour, du 17 octobre 1808.

(*k*) Deux arrêts de la Cour de cassation , des 21 germinal an xii et 31 mars 1819 , ont décidé que *le paiement fait par l'administration* des sommes auxquelles elle a été condamnée , ne *lui ôte pas le droit de se pourvoir* en cassation.

(*l*) Un arrêt de la Cour de cassation, du 4 août 1818, a jugé qu'il y a *excès de pouvoirs* lorsqu'un tribunal met à la charge de l'administration les dépens auxquels les parties avaient été condamnées d'abord par arrêt de renvoi.

(*m*) Un arrêt de la Cour de cassation, du 31 décembre 1823, décide que , lorsque l'administration succombe dans une partie de ses prétentions, le tribunal a droit de lui faire *supporter une partie des dépens.*

(*n*) Un point long-temps combattu , mais qui nous semble maintenant hors de doute , en fait de jurisprudence, *c'est que l'administration des domaines ne peut jamais être condamnée aux intérêts, mêmes moratoires,* des sommes dont la restitution est ordonnée , ainsi qu'il résulte de quatorze arrêts de la Cour de cassation, en dates des 2 floréal an xiii, 11 février 1806, 8 mai et 18 juin 1810, 23 novembre 1811, 13 mai 1817, 28 janvier et 23 février 1818, 31 mars 1819, 3 avril 1822, 6 novembre 1827, *deux* du 31 mai 1836 et 9 août de la même année.

(*o*) Un arrêt de la Cour de cassation , du 26 mars 1827, a décidé *qu'aucune taxe pour émolumens d'avoué ou d'avocat* ne pouvait être mise à la charge de l'administration, attendu que leur ministère est interdit dans les affaires en matière d'enregistrement.

(*p*) La Cour de cassation a jugé, le 19 décembre 1809, que, bien que l'article 65 ci-dessus ne prononce pas la nullité des jugemens rendus sans *l'observation des formalités qu'il prescrit, cette nullité était de droit.*

(*q*) Un arrêt de la Cour de cassation , du 3 février 1817, porte qu'il y a violation de l'article ci-dessus, lorsqu'une *ordonnance du juge,* signifiée avec assignation indiquant le jour d'audience où la cause doit être rapportée , *le jugement a été rendu avant le jour indiqué.*

(*r*) Un arrêt de la Cour de cassation, du 24 décembre 1822, a décidé qu'il y a violation de l'article ci-dessus lorsqu'un *jugement est rendu par défaut,* quoique *l'administration ait fait déposer au greffe sa défense* plusieurs jours avant la prononciation du jugement.

(s) Une jurisprudence tout-à-fait conforme s'est établie sur ces deux points qui doivent être observés, *à peine de nullité :* 1° que le jugement ne peut être rendu que *sur le rapport d'un juge fait en audience publique ;* et 2° que *cette formalité doit être constatée dans le jugement,* ainsi qu'il résulte de vingt-huit arrêts de la Cour de cassation, dont les derniers, en dates des 5 août 1833, 4 et 12 août 1834 et 15 juillet 1835, sont insérés en entier dans les nᵒˢ 123, 164, 167 et 217 de *la Jurisprudence.*

(t) Deux arrêts de la Cour de cassation, des 7 janvier 1818 et 16 mars 1825, ont décidé qu'il y a violation de l'article ci-dessus si le jugement énonce que *le rapport a été fait en la chambre du conseil.*

(u) Deux arrêts de la Cour de cassation, des 18 janvier 1825 et 5 avril 1831, ont décidé qu'il n'y a pas violation : 1° lorsque le jugement énonce que le *rapport a été fait verbalement* ; et 2° *seulement que le rapport a été fait* au tribunal.

(v) Il résulte de six arrêts de la Cour de cassation, en dates des 24 novembre 1834, 4 janvier, 14 juin, 20 juillet, 8 août et 8 novembre 1836, formant les nᵒˢ 141, 255, 286, 310, 324 et 341 de *la Jurisprudence,* qu'il y a violation de l'article ci-dessus *lorsque le rapport a été fait par un juge suppléant* qui n'a pas concouru au jugement, ou non nécessaire.

(x) Trois arrêts de la Cour de cassation, des 25 avril 1808, 3 janvier 1820 et 8 août 1836, ont décidé que le *certificat donné par le président ou le greffier du tribunal* ne peut nullement suppléer la mention que le jugement doit contenir sur le rapport du juge.

(y) Un arrêt de la Cour de cassation, du 6 juillet 1825, porte qu'il n'y a point violation de l'article 65 ci-dessus, si *un jugement préparatoire qui ordonne une expertise* n'a pas été précédé du rapport d'un juge.

(z) Il résulte de cinq arrêts de la Cour de cassation, des 26 novembre 1821, 5 mars 1822, 16 mars 1825 et 20 mai 1834, qu'il y a violation de l'article 65 ci-dessus *si la publicité du jugement n'est pas constatée.* Ainsi, un arrêt de la même Cour, du 14 août 1815 , avait décidé qu'il y avait violation de l'article ci-dessus, si ce jugement constatait seulement qu'il avait été rendu en la chambre du conseil.

(aa) Quatre arrêts de la Cour de cassation, des 26 juin 1818, 18 août 1829, 11 février et 4 août 1835, portent que le jugement établit *une véritable publi-*

cité lorsqu'il constate qu'il a été prononcé *en la chambre du conseil*, *portes ouvertes*, ou s'il y est dit simplement : *la cause portée à l'audience de ce jour*, le tribunal ordonne : attendu que toute audience est toujours réputée publique.

(*bb*) Aux termes de la loi du 27 ventose an VIII, *les procureurs du roi* sont chargés de défendre toutes les affaires qui intéressent l'état, d'après les mémoires qui leur sont fournis par l'administration.

(*cc*) Un arrêt de la Cour de cassation, du 30 mars 1835, porte qu'il y a nullité dans un jugement lorsque rien ne constate que la *cause a été communiquée au procureur du roi*.

(*dd*) Il résulte de cinq arrêts de la Cour de cassation, en dates des 8 mai 1810, 5 mars 1811, 1er juin 1813, 15 mars 1814 et 10 février 1819, qu'il y a nullité de jugement *à défaut de conclusions* verbales de la part du procureur du roi.

(*ee*) Neuf arrêts de la Cour de cassation, en dates des 14 mars 1821, 30 avril 1822, 5 mars 1829, 14 avril 1830, 16 mai 1831, 17 décembre 1833, 12 août 1834, 15 juillet 1835 et 20 juillet 1836, ont décidé *qu'il faut que le jugement constate*, à peine de nullité, 1° *que le procureur du roi, présent à l'audience, a été entendu dans ses conclusions ;* et 2° *qu'elles ont été données verbalement* et non par écrit.

(*ff*) Un arrêt de la Cour de cassation, du 23 avril 1816, porte que, lorsque le tribunal renvoie la cause à une autre audience après avoir entendu *le rapport d'un juge et les conclusions du procureur du roi*, il n'est pas nécessaire que ces magistrats soient entendus de nouveau.

(*gg*) L'art. 16 de la loi du 27 ventose an VIII porte que *les jugemens de tous les tribunaux de 1re instance doivent être rendus par trois juges* au moins.

(*hh*) Un arrêt de la Cour de cassation, du 19 janvier 1825, a décidé que, d'après l'art. 30 de la loi du 22 ventose an XII, *un avocat* ne peut être appelé à remplacer un juge titulaire *qu'à défaut d'un juge suppléant*.

(*ii*) Il y a nullité de jugement lorsqu'il appert *qu'un juge suppléant a été appelé sans nécessité*, ou si déjà quatre juges titulaires concouraient au jugement, ainsi qu'il résulte de neuf arrêts de la Cour de cassation, en dates des

23 juillet 1823, 15 mars 1825, 18 avril et 13 décembre 1826, 23 avril 1827, 6 novembre de la même année, 11 février 1828, 24 novembre 1834, 4 janvier et 14 juin 1836.

(*jj*) Deux arrêts de la Cour de cassation, des 26 décembre 1826 et 27 juin 1827, ont décidé qu'il suffit que le jugement fasse mention de *l'empêchement de l'un des juges, sans expliquer la cause de cet empêchement*, pour que le concours du juge suppléant soit régulier.

(*kk*) Deux arrêts de la Cour de cassation, des 3 décembre 1827 et 24 novembre 1834, ont jugé qu'il y a nullité dans le *jugement qui ne contient pas le nom des juges* qui y ont concouru.

(*ll*) Un point long-temps combattu, mais dont la jurisprudence nous paraît actuellement tout-à-fait fixée par huit arrêts de la Cour de cassation, en dates des 19 juillet 1830, 1ᵉʳ mars et 19 avril 1831, 19 mars 1833, 4 août et 30 décembre 1834, 7 juillet et 12 août 1835, *c'est qu'il y a nullité à défaut d'énonciation des points de fait et de droit* dans tous jugemens.

(*mm*) Un arrêt de la Cour de cassation, du 18 août 1829, a décidé qu'*il n'y a pas nullité lorsqu'un jugement se réfère aux motifs précédemment exprimés dans un jugement antérieur.*

(*nn*) Une jurisprudence constante s'est établie sur ce point, que, *lorsque les juges se bornent à apprécier, bien ou mal, les faits qui leur sont soumis, il n'y a pas nullité* de jugement, ainsi qu'il résulte de onze arrêts de la Cour de cassation, en dates des 15 vendémiaire an XIV, 23 janvier 1809, 11 juin 1811, 28 décembre 1812, 6 janvier et 30 juin 1813, 24 juillet et 27 novembre 1815, 20 mars 1816, 13 mai 1817 et 22 novembre 1822.

(*oo*) Deux arrêts de la Cour de cassation, des 18 vendémiaire an VII et 10 mai 1819, ont décidé que la qualification des actes et leur interprétation sont essentiellement du domaine de cette cour suprême.

(*pp*) Trois arrêts de la Cour de cassation, des 9 vendémiaire an XIII, 19 mars et 5 mai 1806, portent que toutes les fois qu'un *jugement admet des preuves illégales, il y a nullité* : ainsi, un autre arrêt de la même Cour, du 29 janvier 1812, a jugé qu'il y avait nullité lorsque le tribunal avait admis la preuve par témoins pour le paiement des droits.

(*qq*) Il y a nullité dans un jugement qui, malgré la contestation de l'administration, ordonne une *ventilation* pour la liquidation des droits de mutation après décès dus par une veuve. (Arrêt de la Cour de cassation du 2 octobre 1810.)

(*rr*) Il résulte de deux arrêts de la Cour de cassation, des 27 avril 1807 et 8 janvier 1817, que *tout jugement qui préjuge au fond*, ou qui rejette une fin de non-recevoir opposée contre la demande d'une preuve, peut être *déféré de suite à la cour de cassation*, sans attendre le jugement définitif.

(*ss*) Deux arrêts de la Cour de cassation, des 29 janvier 1812 et 20 mars 1816, ont jugé que l'on ne peut plus s'opposer à un jugement définitif lorsqu'il n'est que la conséquence d'un jugement interlocutoire que les parties ont exécuté volontairement, ou qui a acquis force de chose jugée.

(*tt*) Deux arrêts de la Cour de cassation, des 9 décembre 1806 et 8 février 1817, ont décidé que *le délai de pourvoi en cassation est de trois mois* du jour de la signification du jugement au *domicile réel* de la partie ou à sa personne.

(*uu*) Un arrêt de la Cour de cassation, du 23 vendémiaire an XIV, confirmé par un autre du 20 août 1816, porte que les *significations faites à l'administration des domaines* sont valables lorsqu'elles ont été faites au domicile élu de son receveur ou à sa personne.

(*vv*) *Toutes requêtes, même sommaires,* doivent, aux termes de l'art. 1er du titre IV du règlement de 1738, contenir les moyens de cassation contre le jugement attaqué, afin de pouvoir être admises régulièrement, ainsi qu'il résulte de deux arrêts de la Cour de cassation, des 18 avril 1809 et 6 octobre 1812.

(*xx*) Un arrêt de la Cour de cassation, du 4 août 1818, a décidé que la partie qui s'est pourvue dans le délai voulu par la loi, *peut ajouter de nouveaux moyens à son premier* mémoire, même après le délai.

(*yy*) Il résulte de dix arrêts de la Cour de cassation, en dates des 21 avril 1806, 28 mars 1810, 6 janvier 1813, 13 décembre 1816, 20 août 1818, 10 mai 1819, 19 janvier 1824, 6 juillet et 23 novembre 1825 et 26 mai 1836, *que les parties ne sont pas recevables à proposer, pour la première fois,* devant la Cour suprême, des moyens de nullité des actes formant le procès, ou des exceptions qui rentrent dans la question de fait.

(*zz*) Il n'existe nul doute que, lorsqu'*un pourvoi a été rejeté*, les parties ne sont pas recevables à en intenter un second. (Arrêt de la Cour de cassation du 2 mai 1815.)

(*etc.*, *etc.*) Quatre arrêts de la Cour de cassation, des 24 frimaire an VIII, 7 août 1807, 16 juillet 1811 et 26 août 1818, ont décidé que *l'arrêt d'admission doit être signifié à personne* ou à domicile dans les trois mois.

Les significations d'arrêts doivent être faites, à peine de nullité, à *Paris*, par les huissiers près la Cour de cassation. (Arrêt de la Cour de cassation du 17 mars 1806.)

(*aaa*) Un arrêt de la Cour de cassation, du 16 mai 1815, a jugé que *la signature de l'avocat* apposée au bas de la requête signifiée, avec l'arrêt d'admission, suffit, aux termes de l'article 61 du Code de procédure civile, pour la constitution d'avoué.

(*bbb*) Un arrêt de la Cour de cassation, du 8 avril 1807, a décidé qu'il y a nullité dans la *signification faite simplement au nom de la Cour.*

(*ccc*) *L'omission de l'énonciation de la patente de l'huissier* n'entraîne pas la nullité de la signification, aux termes de deux arrêts de la Cour de cassation des 18 ventose an VII et 18 février 1807.

(*ddd*) Deux arrêts de la Cour de cassation, en dates des 26 germinal an VI et 20 janvier 1817, ont décidé qu'il y a nullité *si l'huissier a oublié d'indiquer sa demeure, ou le tribunal* auquel il est attaché.

(*eee*) Trois arrêts de la Cour de cassation, des 7 août et 18 février 1807 et 28 octobre 1811, ont décidé que *toutes significations à personnes sont valables, mais qu'il y a nullité* si la signification a été faite au domicile élu chez l'avoué de la partie pendant l'instruction qui a précédé le jugement.

(*fff*) Un arrêt de la Cour de cassation, du 27 juin 1809, porte *que la signification faite à l'étranger*, au lieu de sa résidence en France, est valable.

(*ggg*) Deux arrêts de la Cour de cassation, des 20 fructidor an XI et 4 novembre 1811, ont décidé que, lorsque la copie *de la signification est laissée à un domestique*, il faut que l'exploit indique d'une manière précise les rapports du domestique avec la partie assignée.

(*hhh*) *La signification faite à une veuve*, pour elle et les héritiers de son mari , *au domicile du défunt*, est valable si la succession n'est pas encore partagée.

(*iii*) Il résulte de cinq arrêts de la Cour de cassation, en dates des 14 nivose an xi, 24 juin 1809, 7 août 1815, 1er décembre 1829 et 27 mai 1834, qu'il y a *nullité de signification lorsqu'elle a été faite au père, en qualité de tuteur de son fils mineur*, lorsque ce dernier avait atteint sa majorité.

(*kkk*) Il y a nullité lorsque la signification est faite aux femmes mariées *sans l'être conjointement* à leurs maris. (Arrêt de la Cour de cassation du 25 mars 1812.)

(*lll*) *La nullité qui a été commise dans l'un des exploits*, en vertu desquels des cohéritiers sont assignés, est couverte pour la régularité des autres exploits adressés à ses cohéritiers. (Arrêt de la Cour de cassation du 9 octobre 1811.)

(*mmm*) Un arrêt de la Cour de cassation, du 28 janvier 1811, a décidé que *la signification* qui constate qu'il a été donné copie d'un arrêt d'admission est valable jusqu'à inscription de faux.

(*nnn*) Quoique la copie de la *signification* ne fasse pas mention de l'enregistrement de la requête, il n'y a pas nullité. (Arrêt de la Cour de cassation du 3 floréal an ix.)

(*ooo*) Aux termes de deux circulaires de l'administration des domaines, des 26 novembre 1807 et 6 juillet 1808, *le receveur de l'enregistrement près la Cour de cassation* est chargé de payer l'amende et les dépens auxquels l'administration est condamnée par suite du rejet de son pourvoi.

(*ppp*) Il résulte de quatre arrêts de la Cour de cassation, en dates des 4 mars 1807, 17 juillet 1811, 11 mars et 8 juin 1812, que *la voie de l'opposition est ouverte à l'administration* toutes les fois qu'un tribunal a prononcé sans qu'elle lui ait fourni de mémoire.

(*qqq*) *Les délais de l'opposition courent à compter du jour de la signification* au bureau du receveur de l'enregistrement. (Arrêt de la Cour de cassation du 13 thermidor an ix.)

(*rrr*) Un arrêt de la Cour de cassation , du 13 février 1815, a décidé que *le jugement est contradictoire*, et conséquemment inattaquable par opposition, lorsqu'il a été rendu sur mémoires respectivement signifiés.

Deux arrêts de la Cour de cassation, des 24 avril 1822 et 24 août 1835, ont jugé que le tribunal n'a pas rendu un *jugement par défaut, mais bien contradictoire*, lorsque l'opposant à la contrainte a *motivé son assignation.*

(*sss*) *L'opposition faite par quelques-uns des héritiers à un jugement par défaut, ne profite qu'à eux seuls* personnellement. (Arrêt de la Cour de cassation du 6 mai 1824.)

(*ttt*) Un arrêt de la Cour de cassation, du 25 janvier 1815, a décidé que le jugement rendu entre l'administration et le créancier d'un redevable pour *demande indéterminée, ou au-dessus de mille francs, est susceptible d'appel* et non de recours en cassation.

Un arrêt de la Cour royale d'Orléans, du 30 septembre 1832, a jugé que, lorsqu'il existe *une instance entre le redevable, l'administration et des parties appelées en garantie, il y avait lieu à appel.*

(*uuu*) Il résulte de deux arrêts de la Cour de cassation, des 30 août 1809 et 14 mai 1811, que, dans le cas *de requête civile, les plaidoiries doivent avoir lieu,* et l'administration doit signifier une consultation de trois avocats, aux termes de l'art. 495 du Code civil.

La requête civile doit être portée devant le tribunal qui a prononcé sur l'action principale. (Arrêt de la Cour de cassation du 11 juillet 1822.)

Un arrêt de la Cour de cassation, du 6 juillet 1809, a décidé qu'il y a seulement lieu *à requête civile*, et non à cassation, lorsque deux jugemens, émanant d'un même tribunal, ont rejeté d'abord, et admis ensuite, une expertise.

(*vvv*) « L'instruction des instances que la régie aura à suivre pour toutes les perceptions qui lui sont confiées, se fera par simples mémoires respectivement signifiés sans plaidoiries. *Les parties ne seront point obligées d'employer le ministère des avoués.* » (Article 17 de la loi du 27 ventose an ix — 18 mars 1801.)

Il résulte d'un avis du conseil d'état, à la date du 1er juin 1807, que l'article 1041 du Code de procédure civile, qui a abrogé toutes les lois, usages et règlemens antérieurs, relatifs à la procédure, n'a point d'application à la forme de procéder qui a été réglée par des lois spéciales, concernant les poursuites et instances dans les affaires de l'administration de l'enregistrement et des domaînes.

Confirmé par l'article 76 de la loi du 28 avril 1816 sur les finances

Voir les art. 18, 19 et 39 de la présente loi, avec leurs notes; et, au besoin, les art. 61, 100, 123, 141, 142, 207, 210, 216, 217, 218, 226, 233, 255, 274, 286, 300, 307, 310, 315, 324 et 332 de *la Jurisprudence*.

TITRE X. — *De la fixation des droits.*

Art. 67. Les droits à percevoir pour l'enregistrement des actes et mutations, sont et demeurent fixés aux taux et quotités fixés par les articles 68 et 69 suivans (*a*).

(*a*) Une loi du 6 prairial an VII (25 mai 1799), maintenue par toutes les lois financiéres rendues jusqu'à ce jour (janvier 1830), ajoute *le décime par franc* à tous ces droits.

DROITS FIXES.

Art. 68. Les actes compris sous cet article seront enregistrés et les droits payés ainsi qu'il suit; savoir :

§ III. — *Actes sujets à un droit fixe de 3 francs.*

N. 1°, etc.

N° 5°. Les testamens et tous autres actes de libéralité qui ne contiennent que des dispositions soumises à l'événement du décès, et les dispositions de même nature qui sont faites par contrat de mariage entre les futurs ou par d'autres personnes (*a*).

(*a*) Portés à 5 fr. par le n° 4 de l'art 45 de la loi du 28 avril 1816.

L'instruction générale de l'administration des domaines, du 24 décembre 1836, sous le n° 1528, confirmée par une solution du conseil, du 22 février 1837, a décidé que, lorsqu'un testament contient *un legs à charge de restitution,* il doit être *assujetti au droit de transcription d'un et demi pour cent* suivant l'art. 54 de la loi du 28 avril 1816 ; attendu qu'aux termes de l'article 1069 du Code civil, c'est un acte de nature à être transcrit.

DROITS PROPORTIONNELS.

Art. 69. Les actes et mutations compris sous cet article seront enregistrés, et les droits payés suivant les quotités ci-après ; savoir :

§ Ier. — *Vingt-cinq centimes par cent francs.*

N° 1, etc.

N° 3. Les mutations qui s'effectueront par décès en propriété ou usufruit de biens meubles, en ligne directe (*a*).

(*a*) L'enfant naturel appelé à la succession, à défaut de parens au degré successible, est considéré comme personne non-parente, *quant à la quotité du droit.* (Art. 53 de la loi du 28 avril 1816.)

Voir le n° 4 du § III ; et le n° 2 du § IVe ci-après.

§ III. — *Un franc par cent francs.*

N° 1, etc.

N° 4. Les mutations de biens immeubles, en propriété ou usufruit, qui auront lieu par décès en ligne directe (*a, b. c*).

(*a*) Aux termes du décret du 24 juin 1808, sur *les majorats*, le droit de mutation après décès des biens formant un majorat, doit être perçu au taux réglé par la loi , pour les transmissions d'immeubles en usufruit , soit qu'il s'agisse de *rentes immobilisées ou d'actions sur la Banque de France, aussi immobilisées,* ou d'immeubles réels, conformément à l'instruction générale de l'administration des domaines, du 12 janvier 1809, sous le numéro 413.

Il résulte de la même instruction que , *lorsque le majorat vient à s'éteindre, ou que les enfans du fondateur ne sont pas remplis* de leur part dans la succession de leur père, les biens soumis aux droits de mutation après décès, ne sont plus assujettis qu'à ceux tarifés selon leur nature par la présente loi.

(*b*) Un arrêt de la Cour de cassation, du 2 décembre 1822, a décidé que *les legs faits par l'adoptant aux enfans de son fils adoptif,* ne doivent payer que les droits de mutation après décès, dus en ligne directe.

(*c*) Lorsque l'enfant naturel est appelé à la succession à défaut de parens au degré successible, il est considéré, *quant à la quotité du droit,* comme personne non parente. (Article 53 de la loi du 28 avril 1816.)

Voir le n° 2 du § VIII, ci-après.

§ IV. — *Un franc vingt-cinq centimes par cent francs.*

N° 1, etc.

N° 2. Les mutations en propriété ou usufruit de biens meubles, qui s'effectuent par décès, entre des collatéraux et autres personnes non parentes, soit par succession, soit par testament ou autre acte de libéralité à cause de mort.

Il ne sera dû que moitié droit pour celles qui auront lieu entre époux (a, b, c).

(*a*) L'article 53 de la loi du 28 avril 1816 avait porté les droits ci-dessus, savoir :

Entre collatéraux, à 2 fr, 50 cent. pour 100.

Et entre personnes non parentes, 3 fr. 50 cent.

Mais l'art. 33 *de la loi du* 21 *avril* 1832, *les a élevés* ainsi qu'il suit ;

ACTUELLEMENT :

Entre frères et sœurs, oncles et tantes, 3 fr. pour 100.

Entre grands-oncles et grand'tantes, petits-neveux et petites-nièces, cousins-germains, 4 fr. pour 100,

Entre parens au-delà du quatrième degré, et jusqu'au douzième, 5 francs pour 100.

Enfin, entre personnes non parentes, 6 fr. pour 100 fr.

(*b*) *Le droit des mutations après décès qui ont lieu entre époux, élevé à*

86

50 c. *pour* 100 par l'art. 53 de la loi du 28 avril 1816, n'a pas été augmenté depuis.

(c) Lorsque l'enfant naturel, ou l'époux survivant sont appelés à la succession, à défaut de parens successibles, ils sont considérés, *quant à la quotité des droits*, comme personnes non parentes. (Article 53 de la loi du 26 avril 1816.)

§ VI. — *Deux francs cinquante centimes par cent francs.*

N° 1, etc.

N° 3. Les transmissions de propriété ou d'usufruit de biens immeubles, qui s'effectuent par décès, entre époux (a).

(a) Élevés à 3 pour 100 par le troisième alinéa de l'article 53 de la loi du 28 avril 1816.

Lorsque l'époux survivant est appelé à la succession, à défaut de parens au degré successible, il est considéré, *quant à la quotité des droits,* comme personne non parente.

Voir le n° 2 du § VIII ci-après.

§ VIII. — *Cinq francs par cent francs.*

N° 1, etc.

N° 2. Les mutations de biens immeubles en propriété ou usufruit, qui s'effectuent par décès entre collatéraux et personnes non parentes, soit par succession, soit par testament ou autre acte de libéralité à cause de mort (a).

(a) Portées d'abord à 7 fr. *pour les personnes non parentes,* ou au-delà du degré successible *seulement,* par l'art. 53 de la loi du 28 avril 1816.

Mais ensuite élevées par l'art. 33 de la loi du 21 avril 1832, savoir ; ACTUELLEMENT :

Entre frères et sœurs, oncles et tantes, neveux et nièces, à 6 fr. 50 centimes pour 100.

Entre grands-oncles, grand'tantes, petits-neveux et petites-nièces, cousins-germains, à 7 fr. pour 100.

Entre parens au-delà du quatrième degré jusqu'au douzième, à 8 fr. pour cent.

Et entre parens non successibles et personnes non parentes, à 9 francs pour 100.

L'art. 53 de la loi du 28 avril 1816, porte en outre que :

« Lorsque l'époux survivant ou les enfans naturels sont appelés à la succession, à défaut de parens au degré successible, ils seront considérés, *quant à la quotité des droits*, comme personnes non parentes. »

TITRE IX. — *Des actes qui doivent être enregistrés en débet ou gratis, et de ceux qui sont exempts de cette formalité.*

Art. 70. Seront soumis à la formalité de l'enregistrement , et enregistrés en débet ou gratis, ou exempts de cette formalité, les actes ci-après :

§ III. — *Exempts de la formalité de l'enregistrement.*

N° 1, etc.

N° 3. Les inscriptions sur le grand-livre de la dette publique, leurs transferts et mutations, les quittances des intérêts qui en sont payés, et tous les effets de la dette publique inscrits ou à inscrire définitivement (*a*, *b*, *c*).

(*a*) Exemption confirmée par la loi du 4 thermidor an VIII

(*b*) Tout ce qui est relatif au transfert des inscriptions doit participer de l'exemption prononcée par ce numéro ; ainsi, lorsque les arrérages échus jusqu'au jour du décès ne forment pas un semestre, ils font nécessairement partie du transfert qui est exempt des droits.

(*c*) Trois arrêts de la Cour de cassation, des 28 janvier 1824, 6 février 1827, et 14 janvier 1829, ont décidé que, conformément à l'avis du conseil d'état

du 10 septembre 1808, inséré en entier, page 139, tome 1er, des *Lois anno-*
tées, du Moniteur de l'enregistrement et des domaines, *lorsqu'il se trouve des*
rentes sur l'état dans la succession, les legs de sommes d'argent ne doivent
supporter aucuns droits de mutation après décès, si le capital desdites ren-
tes est égal, ou au-dessus du montant desdits legs.

FIN DU MANUEL DES HERITIERS.

TABLE DES MATIÈRES

DU MANUEL DES HÉRITIERS, DONATAIRES ET LÉGATAIRES EN MATIÈRE DE DROITS DE SUCCESSION.